BIBLIOTHÈQUE
DE PHILOSOPHIE CONTEMPORAINE

PSYCHOLOGIE

DU

LIBRE ARBITRE

SUIVIE DE

DÉFINITIONS FONDAMENTALES

VOCABULAIRE LOGIQUEMENT ORDONNÉ
DES IDÉES LES PLUS GÉNÉRALES
ET DES IDÉES LES PLUS ABSTRAITES

PAR

SULLY PRUDHOMME

de l'Académie française

PARIS

FÉLIX ALCAN, ÉDITEUR

LIBRAIRIES FÉLIX ALCAN ET GUILLAUMIN RÉUNIES

108, BOULEVARD SAINT-GERMAIN, 108

1907

PSYCHOLOGIE

DU

LIBRE ARBITRE

ŒUVRES DE SULLY PRUD'HOMME

PSYCHOLOGIE

DU

LIBRE ARBITRE

SUIVIE DE

DÉFINITIONS FONDAMENTALES

VOCABULAIRE LOGIQUEMENT ORDONNÉ
DES IDÉES LES PLUS GÉNÉRALES
ET DES IDÉES LES PLUS ABSTRAITES

PAR

SULLY PRUDHOMME

de l'Académie française.

PARIS

FÉLIX ALCAN, ÉDITEUR

LIBRAIRIES FÉLIX ALCAN ET GUILLAUMIN RÉUNIES

108, BOULEVARD SAINT-GERMAIN, 108

—

1907

PSYCHOLOGIE DU LIBRE ARBITRE

J'ai déposé le germe du présent travail dans le *Compte rendu du Congrès International de Psychologie* tenu à Paris en 1900[1]. Voici ma communication :

L'ILLUSION DU LIBRE ARBITRE

« Qu'il y ait ou non dans l'Univers des événements non nécessités, toujours est-il que l'homme a l'illusion au moins, sinon la véridique assurance, qu'il en existe un, au témoignage de sa conscience, dans l'exercice de sa volonté. Je m'en tiens à cette constatation tout empirique et je m'en étonne, car n'est-il pas surprenant, si tout est nécessité dans l'Univers, qu'un état mental y trouve de quoi représenter, même illusoirement, la non-néces-

---

1. *Congrès international de psychologie* tenu à Paris du 20 au 26 août 1900 sous la présidence de M. Th. Ribot, de l'Institut. Compte rendu des séances et textes des mémoires.

sité? De quelle combinaison de facteurs nécessaires peut donc sortir une image, vraie ou fausse, de quelque chose qui n'implique absolument rien de leur nécessité et même en représente le contraire ?

« Il y a, certes, là un problème à résoudre, je ne peux que le signaler. Il m'a conduit à une théorie des idées, dont je n'ai pas encore achevé l'exposé. »

Depuis lors, dans une de mes lettres adressées à mon savant ami le docteur Charles Richet, de l'Académie de médecine, sur les causes finales[1] j'ai écrit : « D'après les idées que se font les savants du déterminisme expérimental, de sa nature et de sa portée, rien n'existerait, rien n'agirait, rien n'arriverait qui ne fût ou bien nécessaire, à titre de substratum, ou bien nécessité à titre d'événement. Or il est indéniable que l'homme, à tort ou à raison, s'attribue une activité indépendante dont il a conscience. Je me demande alors d'où procède et comment peut naître en lui la conscience de cette sorte d'activité qui, dans cette conception de l'Univers, non seulement n'existe pas, mais encore est exactement le contraire... de ce qui existe, c'est-à-dire le déterminisme universel. Ainsi ce dernier, qui ne pourrait sans se nier engendrer son contraire, en peut néan-

---

1. *Le problème des causes finales*, p. 128 et suiv.

moins engendrer la conscience. Je suis extrême-
ment frappé de cette étrange conséquence où
conduit le déterminisme universel confronté avec
l'observation interne... » — « ... Je crois que de
la nécessité ne peut rien sortir qui implique même
l'illusion du libre arbitre... et je tâcherai, si j'en
ai le loisir, de faire, par une analyse et une critique exactes, mon intelligence complice de mon
instinct moral. »

Je voudrais aujourd'hui mettre à exécution ce
projet.

AVANT-PROPOS

QUELQUES DÉFINITIONS PRÉLIMINAIRES

J'emploierai différents mots d'un usage courant, sur le sens desquels toutefois je désire me
mettre parfaitement d'accord avec le lecteur parce
que leur sens banal manque de précision.

I

Je le prie, bien que le *moi* soit haïssable, de me
pardonner l'usage peu modeste que je ferai de la
première personne dans tout le cours de cet opuscule. C'est une analyse psychologique où j'observe
ce qui se passe en moi ; c'est donc forcément de
moi-même que je parle. Je ne peux qu'inviter
autrui à constater sur soi les résultats de cette
introspection qui, à la rigueur, ne vaut que pour

celui qui la fait. L'expression *je* ou *moi* sera plus juste en même temps que plus commode.

Dans les relations sociales ces deux vocables ne prêtent à aucun malentendu ; dans le langage philosophique il convient d'en préciser le sens. Le *moi* représente, dans le langage courant, outre l'unité de la synthèse psychique, par extension celle d'une synthèse physiologique. C'est pourquoi l'on dit : « *mon* corps, *je* pèse tant de kilogrammes », non que le substratum de la vie psychique soit identifié à celui de la vie physiologique par ce pronom possessif et ce pronom personnel, mais le principe, quel qu'il soit, de l'unité physiologique est dans une certaine mesure subordonné à celui de l'unité psychique même aux yeux des partisans de la distinction foncière de ces deux principes.

La *personne* est synonyme du *moi*. C'est plus spécialement l'unité synthétique des données psychiques constitutives du *moi*. Cette unité, en tant que synthétique, n'est pas nécessairement indivisible ; on constate, en effet, des dédoublements de la personnalité (cas classique de Félida et beaucoup d'autres reconnus postérieurement à celui-là). La personne humaine serait donc comparable à la synthèse mécanique appelée *résultante*, dont les facteurs, les *composantes* se manifestent dans une unité qui les implique toutes sans que l'intégrité de chacune y soit altérée par le concours des autres, de sorte que cette unité se conçoit décomposable en de nouvelles unités, synthèses de telles ou telles des composantes.

Le *moi* ne saurait se définir tout entier au moyen des seules données que fournit la conscience : il dépasse le champ de celle-ci. Elle n'atteint pas, en effet, l'être du moi, le substratum psychique, et n'en éclaire pas non plus toutes les modifications, ni tous les actes ; un certain nombre en demeurent toujours inconscients. Les autres variations psychiques sont susceptibles de passer de l'état inconscient à l'état conscient et réciproquement du second au premier. Dans ce dernier cas elles affectent, sous le nom de *souvenirs latents*, une nouvelle forme, et le retour à l'état conscient par la *réminiscence* transforme ceux-ci à leur tour en souvenirs évoqués. L'indétermination des limites du moi semble autoriser la critique à demander s'il en comporte. Y a-t-il plusieurs psychiques individualisés, en d'autres termes : suis-je seul dans l'Univers à constituer un *moi* et même y a-t-il dans l'Univers autre chose que moi ? Ne suis-je pas tout ? Cette question, ridicule au premier abord, n'est pas, à la réflexion, aussi aisément soluble qu'elle le semble. Je ne puis pour la résoudre consulter que ma conscience. Or elle ne me révèle qu'une part du *moi* et rien ne l'oblige à assigner au *moi* des bornes. Certaines sensations, celles de la vue, apparaissent à la conscience spontanée comme extérieures au *moi* : la synthèse de couleurs vertes et de couleurs brunes qu'on appelle *arbre* est un état de sensibilité nerveuse extériorisé par tous les hommes, excepté les philosophes qui se demandent avec Kant si hors de la conscience quelque chose répond aux modifications conscientes du *moi*. Le doute à cet égard n'influe pas sur le résultat de mes recherches.

II

La différence en moi, si minime soit-elle, entre le sommeil supposé sans rêve (le sommeil complet) et le rêve ou la veille, est ce que j'appelle *un état conscient*. Une sensation (toucher, odeur, saveur, son, couleur), un sentiment, une idée, etc., sont des états conscients. *La conscience spontanée* est l'aptitude à affecter ces états ; je ne peux que la désigner au lecteur d'après mon expérience personnelle, sans la définir, car elle est *sui generis*. La conscience spontanée ne se borne pas à être passive ; elle est, dans certaines fonctions, active en cela que non seulement j'éprouve des sensations et des sentiments, non seulement je suis, en quelque sorte, le miroir des choses, mais encore j'exerce spontanément mon activité mentale sous les noms d'*intelligence, raison, pensée*, pour comparer, abstraire, raisonner, juger. Il y a plus : je peux constater que je sens et que j'agis mentalement. Ce dernier mode de la conscience qui se superpose, en quelque sorte au premier (en allemand *uberdenken*, penser par-dessus) je l'appelle la *conscience réfléchie*. Je ferai remarquer enfin que la conscience réfléchie peut s'exercer soit sur un état conscient présent, soit sur le souvenir de celui-ci : je peux m'observer sentant, pensant, voulant, et je puis observer en moi les souvenirs respectifs de ces états conscients.

C'est au moyen de l'analyse et de la critique rationnelle, exercées par les divers modes de connaissance sur le libre arbitre tel que le donne la conscience spontanée passive, c'est par ce double procédé que je tâcherai de prouver la réalité de celui-ci.

III

L'existence des changements extérieurs au *moi* est révélée à l'homme par les états sensibles (sensations tactiles, visuelles, auditives, olfactives, etc.) qu'ils provoquent dans sa conscience en impressionnant les nerfs sensitifs ; les états de conscience sont, à proprement parler, des *phénomènes* au sens étymologique du mot ; ils sont, chez l'observateur, les signes des changements extérieurs au *moi*. A ce titre les phénomènes constituent les matériaux de la conscience expérimentale. Les physiciens, les chimistes, les naturalistes qui cultivent cette science appellent indifféremment *phénomènes* les changements internes et les changements externes signifiés par les premiers. Cette confusion regrettable s'explique : la distinction capitale du subjectif et de l'objectif n'est expressément établie que depuis Kant. J'app llerai *un fait* ou *un événement* tout changement ou toute synthèse de changements internes ou externes, subjectifs ou objectifs et je prendrai le mot *phénomène* dans son acception étymologique.

IV

Les mots *matière* et *esprit*, *physique* et *psychique* signifient deux choses que ne sépare pas un abîme, qui ne sont pas irréductibles entre elles. L'acte d'écrire suffit pour en témoigner : la volonté, en effet, meut la plume ; or, s'il n'y avait absolument rien de commun entre l'une et l'autre, entre ce qui meut et ce qui est mû, comment la première pourrait-elle agir sur la seconde ? De même la physionomie, l'expression d'un état moral par les traits du visage, par le geste serait impossible, car dans le caractère expressif la matière et l'esprit, le physique et le psychique sont indivisibles ; c'est dans ce caractère que ces deux données communiquent le plus directement. Elles communiquent immédiatement, il faut même dire qu'elles s'identifient en lui. Néanmoins elles sont considérées chez l'homme par le plus grand nombre comme deux êtres distincts sous les noms de *corps* et d'*âme*. Le problème qui fait l'objet du présent essai se trouve être, par la façon dont je l'aborde, indirectement intéressé dans cette distinction, comme on le verra au chapitre où j'analyse la nature et la formation des idées. J'ai été conduit à reconnaître l'identité foncière de ces deux données empiriques dans leur commune racine métaphysique.

V

Les hommes qui doutent rationnellement du témoignage de la conscience spontanée touchant le libre arbitre sont certains philosophes parmi lesquels Spinoza est celui dont le système est le plus solidement organisé en faveur de l'universelle nécessité, et les savants attachés à la méthode expérimentale inaugurée par Bacon et parfaitement définie par Claude-Bernard.

Le déterminisme scientifique n'est pas la nécessité. L'expérience constate que tous les événements qui tombent sous les sens sont soumis à des lois, c'est-à-dire sont entre eux dans des rapports généraux constants dont le nombre tend à se réduire de plus en plus à mesure que la science progresse. Cette constance des lois ne s'est jamais démentie ni dans la nature livrée à elle-même, ni dans les laboratoires, où les savants par l'expérimentation font naître les phénomènes en reproduisant les conditions qui les déterminent sans l'intervention humaine. Les savants peuvent donc en provoquer le retour à volonté et par suite le prédire. Aussi pour eux une telle constance équivaut-elle à la nécessité. Ils n'ont pas le droit d'affirmer que les phénomènes prédits ne peuvent pas ne pas naître, mais, comme en réalité les mêmes conditions les ont toujours déterminés et que, jusqu'à présent, rien n'autorise à supposer que l'efficacité de ces conditions doive changer, leur acte de foi est pleinement justifié. J'assimilerai donc les savants déterministes aux partisans de l'universelle nécessité.

CHAPITRE PREMIER

DÉFINITION DU LIBRE ARBITRE

Il importe avant tout de préciser avec soin ce qui constitue un acte voulu.

Voici ce que l'analyse distingue dans la psychologie d'un tel acte :

1° *L'idée préconçue* d'un acte à réaliser.

2° *Un mobile* ou *stimulant,* c'est-à-dire une tendance générale et permanente (instinct, penchant ou inclination) à se procurer une satisfaction qui est considérée par l'agent comme devant résulter de cet acte et, à ce titre, en est pour lui la raison d'être primordiale.

3° *Un motif,* qui est l'application de la tendance générale et permanente à un cas particulier et accidentel, la tendance spécialisée par son rapport à l'acte. Par exemple : un homme prend son pistolet pour traverser un bois fréquenté par des malfaiteurs. Son mobile est l'instinct de conservation, tendance générale et permanente ; son motif est de se mettre en état de défense, de se prémunir contre un danger relatif à son voyage à travers ce bois, cas particulier et accidentel.

4° *La résolution.* Le motif, quand il n'est en conflit avec nul autre, quand il est unique, fait naître l'intention immédiate d'agir ou de s'abstenir, l'intention arrêtée, qui se nomme la *résolution*. L'agent, si bon lui semble, peut différer d'agir, car une intention, si formelle qu'elle soit, d'agir, n'est pas encore l'action.

5° *La volition.* L'entrée en action appartient au vouloir, lui est propre et est appelée par les psychologues *volition*[1]. Ce mode initial d'activité est purement psychique, et, de plus, c'est une espèce particulière de l'activité psychique. Ce n'est pas l'activité volontaire qui forme les idées, qui compare, qui raisonne ; mais elle accompagne chacune de ces opérations sous le nom d'attention; elle diffère également de l'énergie musculaire et se distingue, en un mot, de tous les modes d'activité composant les stades successifs de la mise à exécution de la résolution. Quels que soient ces modes, l'activité volontaire, qui en est seulement la mise en train, demeure donc toujours la même. Elle prend le nom d'*initiative.*

---

1. C'est toute manifestation particulière de l'aptitude à vouloir, que cette aptitude soit, à tort ou à raison, sous le nom de *volonté* regardée comme une entité, comme une *faculté*, soit qu'elle signifie un genre comprenant toutes les déterminations volontaires.

6° *L'hésitation*. Il arrive que l'acte à réaliser est mis à exécution aussitôt que voulu. Dans ce cas il n'y a pas alternative pour l'agent. Il ne se dit pas : « Ferai-je ou ne ferai-je pas cet acte ? » il n'a pas occasion de se le demander, parce qu'il n'y a pas hésitation chez lui. Il prend l'initiative d'agir aussitôt qu'il perçoit le motif ; il veut dès qu'il le perçoit. Mais il se peut qu'il hésite, parce que divers motifs sollicitent son vouloir.

7° *La délibération*. Dans ce dernier cas il délibère, c'est-à-dire qu'il cherche à discerner, parmi plusieurs motifs qui sollicitent son vouloir, le motif prépondérant, la satisfaction dominante parmi celles qui se proposent à son choix. La délibération aboutit à un jugement qui fixe son choix en déterminant sa préférence, en un mot à la *résolution*.

8° *L'abstention*. La délibération peut aboutir à la résolution de ne pas agir. S'abstenir c'est vouloir ne pas agir, c'est donc plus que l'inaction. Celle-ci est l'absence de tout changement dans le *moi*, l'abstention, au contraire, implique une opposition à quelque motif incitant à agir, donc une résistance à une tendance. Du processus que représente l'action sur laquelle l'agent délibère rien ne se réalise donc, sauf le premier stade signalé dans l'article 5, à savoir le mode d'activité propre au vouloir, l'initiative, qui est alors une inhibition.

9° Il arrive que l'action, pour atteindre la fin

dominante qu'implique le motif prépondérant,
requiert plusieurs étapes dont chacune a sa fin
propre. Dans ce cas, le plus fréquent, le processus de l'action comporte plusieurs fins intermédiaires. Par exemple : après délibération un débi-
teur prend la résolution d'adresser une demande
de délai à son créancier ; il faudra qu'il prenne sa
plume, qu'il l'a trempe dans l'encre, qu'il écrive,
qu'il plie sa lettre et la porte à la poste, autant de
fins intermédiaires à atteindre avant celle qui
consiste dans l'obtention du délai. Encore faut-il
noter que cette fin n'est réellement pas la dernière ; qu'elle est un autre motif intermédiaire
par rapport au mobile, qui est le motif foncier,
seul vraiment prépondérant, à savoir le besoin
général de tranquillité, spécialisé dans le désir de
différer le paiement d'une dette. Il y a de même
un mobile à l'origine de toute action.

Tels sont, ce me semble, tous les facteurs de
l'action voulue, considérée dans son entière complexité. Mais, dans la pratique, ils ne sont pas
tous également conscients chez l'agent ; plusieurs
peuvent même être inconscients. Depuis l'action
tout entière et la plus réfléchie où le vouloir est
le plus éclairé, jusqu'à celle où le vouloir spon-
tané confine à l'instinct, on conçoit un nombre
indéfini de degrés.

De ces neuf facteurs les seuls qui engagent le

libre arbitre sont les sept derniers, et c'est le cin-
quième, la volition, qui est la raison d'être des
six autres de ceux-ci et qui les régit. Je vais donc
l'examiner de mon mieux.

Parmi les variations dont je suis le sujet il en
est un grand nombre qui se révèlent à moi comme
subies, reçues par moi. Je m'en reconnais le sujet
tout passif: telles sont, par exemple, mes sensations brutes, qui suivent immédiatement les impressions du monde extérieur sur mes nerfs sensitifs. Il y en a d'autres qui me semblent moitié
reçues, moitié formées par moi-même. Telles sont
mes perceptions composées de sensations élémentaires : ce sont des synthèses que je discerne après
plus ou moins de tâtonnements, comme lorsque
par mon attention je reconnais et spécifie un
troupeau dans une masse mouvante et d'abord
confuse de formes lointaines qui se sont rappro-
chées de moi, ou lorsque je compose des visages
humains avec les dessins purement ornementaux
d'un papier de tenture, ou encore lorsque mon
activité mentale ne se contente pas d'utiliser des
sensations offertes toutes groupées en moi par
l'impression, mais, les recevant séparément, les
rapproche pour les synthétiser à mon gré; c'est
ainsi que j'assemble des mots pour en former une
phrase. De même fait le peintre qui choisit les
couleurs pour les combiner et en former une

image sur la toile. Il est enfin des variations de moi que je sens procéder de moi-même exclusivement. Telles sont mes volitions. Celles-ci, j'ai conscience de n'en être pas simplement traversé ; je les sens dépendre de moi et uniquement de moi. Avoir conscience que je veux, c'est avoir conscience d'une variation psychique en moi telle que je n'y sens absolument rien d'étranger à moi, que je n'y sens que moi.

Cette conscience spontanée d'être exempt de toute contrainte extérieure à moi dans l'exercice de mon vouloir se traduit en moi par celle de pouvoir, au même instant, vouloir faire ou ne pas faire une action dont j'ai l'idée préconçue, me l'interdire ou en commencer l'exécution, sauf empêchement hors de moi à la continuer. Cette définition équivaut à celle que donne Stuart Mill dans sa Philosophie de Hamilton (p. 551)[1] : « Avoir conscience du libre arbitre signifie avoir conscience, avant d'avoir choisi, d'avoir pu choisir autrement... »

Le libre arbitre tel qu'il apparaît à la conscience spontanée peut donc se définir : *l'entière indépendance de l'acte volontaire.*

1. Définition citée par M. Henry Bergson dans son *Essai sur les données immédiates de la conscience,* p. 133. — La traduction serait plus correcte comme il suit : « Avoir conscience du libre arbitre signifie avoir conscience d'avoir pu, avant d'avoir choisi, choisir autrement. »

CHAPITRE II

OBJECTION AU LIBRE ARBITRE TIRÉE DE LA CONTRADICTION DANS SON CONCEPT.

Je rencontre tout de suite des contradictions entre le témoignage de ma conscience spontanée et celui de la critique rationnelle. D'après le premier dans la volition l'acte n'est pas nécessité, aucun antécédent ne le prescrit infailliblement ; d'après le second, reconnaître qu'il ne dépend que de moi, cela n'en est pas moins reconnaître qu'il dépend d'un antécédent, puisqu'il exprime ce que je suis, c'est-à-dire qu'il est prescrit infailliblement par mon essence, en un mot, c'est implicitement reconnaître qu'il est nécessité. Délibérer consiste à mettre en évidence la conformité parfaite de l'acte, une fois résolu, à mon essence, par suite sa nécessité.

En outre, affirmer qu'au même moment je puis vouloir une chose ou une autre, c'est admettre que ces deux volitions sont également indépendantes et que, par conséquent, celle qui prévaudra, n'étant en rien nécessitée, constituera un

commencement de processus actif. Quel que soit
donc (désir ou autre) son antécédent, il est, quant
à l'entrée en exercice de mon activité volontaire,
comme s'il n'existait pas, en ce sens qu'il n'est
pas partie intégrante de celle-ci ; c'est par elle-
même et d'elle-même qu'elle entre en exercice. En
d'autres termes : un acte absolument indépendant, qui, par conséquent ne tient d'aucun autre
ce qui le définit, c'est un acte qui n'est pas com-
muniqué. Il contient donc en soi sa détermination,
et par là c'est un changement initial dans le
monde accidentel, une initiative, comme je l'ai
précédemment nommé. Or une pareille variation,
affranchie de tout conditionnement, répugne à la
raison autant qu'une création *ex nihilo*. La raison,
en effet, est mise en demeure de concevoir le passage du repos au mouvement sans que les conditions du repos soient préalablement modifiées ; ce
qui est contraire à l'axiome de causalité tel qu'il
s'impose à l'esprit humain pour l'explication du
processus universel.

Kant, avec la subtile profondeur d'analyse qui
caractérise son génie, a mis en évidence l'antinomie qu'implique le concept du libre arbitre dans
la *Critique de la Raison pure*[1]. Je rappelle au

---

1. *Critique de la raison pure*, par Emmanuel Kant, p. 400.
Traduction A. Tremesaygues et B. Pacaud, licenciés ès lettres,
chez Félix Alcan, Paris.

lecteur le passage de cet ouvrage où il expose cette antinomie, qui est la troisième des quatre relevées par lui :

« Troisième conflit des idées transcendantales. »

Thèse.

La causalité selon les lois de la nature n'est pas la seule dont puissent être dérivés tous les phénomènes du monde. Il est encore nécessaire d'admettre une causalité libre pour l'explication de ces phénomènes.

Preuve.

Si l'on admet qu'il n'y a pas d'autre causalité que celle qui repose sur les lois de la nature, tout *ce qui arrive* suppose un état antérieur auquel il succède infailliblement d'après une règle. Or, l'état antérieur doit être lui-même quelque chose qui soit arrivé (qui soit devenu dans le temps, puisqu'il n'était pas auparavant), puisque, s'il avait toujours été, sa conséquence n'aurait pas non plus commencé d'être, mais aurait toujours été. La causalité de la cause par laquelle quelque chose arrive est donc elle-même quelque chose d'arrivé, qui suppose, à son tour, suivant la loi de la nature, un état antérieur et sa causalité, et celui-ci, un autre état plus ancien, etc. Si donc tout arrive

suivant les simples lois de la nature, il n'y a toujours qu'un commencement subalterne, mais jamais un premier commencement, et par conséquent, en général, aucune intégralité de la série
du côté des causes dérivant les unes des autres.
Or, la loi de la nature consiste en ce que rien
n'arrive sans une cause suffisamment déterminée
a priori. Donc, cette proposition : que toute causalité n'est possible que suivant les lois de la nature, se contredit elle-même dans sa généralité
illimitée, et cette causalité ne peut conséquem-
ment pas être admise comme la seule.

D'après cela, il faut admettre une causalité par
laquelle quelque chose arrive sans que la cause y
soit déterminée en remontant plus haut par une
autre cause antérieure suivant les lois nécessaires,
c'est-à-dire une *spontanéité absolue* des causes,
capable de commencer par *elle-même* une série de
phénomènes qui se déroulera suivant les lois de
la nature, par conséquent, une liberté transcendantale sans laquelle, même dans le cours de la
nature, la série successive des phénomènes n'est
jamais complète du côté des causes.

Antithèse.

Il n'y a pas de liberté, mais tout arrive dans
le monde uniquement suivant les lois de la nature.

Preuve.

Supposez qu'il y ait une *liberté* dans le sens transcendantal, c'est-à-dire une espèce particulière de causalité suivant laquelle les événements du monde pourraient avoir lieu, une puissance de commencer absolument un état, et par suite aussi une série de conséquences de cet état ; et alors, non seulement une série commencera absolument, en vertu de cette spontanéité, mais encore devra commencer aussi absolument la détermination de cette spontanéité elle-même, en vue de la production de la série, c'est-à-dire la causalité, de telle sorte que rien ne précède qui détermine, suivant des lois constantes, cette action qui arrive. Mais tout commencement d'action suppose un état de la cause non encore agissante, et un premier commencement dynamique d'action suppose un état qui n'a avec l'état antérieur de cette même cause aucun lien de causalité, c'est-à-dire qui n'en dérive d'aucune manière. Donc, la liberté transcendantale est opposée à la loi de causalité, et une telle liaison d'états successifs de causes efficientes, d'après laquelle aucune unité de l'expérience n'est possible et qui, par conséquent, ne se rencontre dans aucune expérience, n'est qu'un vain être de raison.

Ce n'est donc que dans la nature que nous devons chercher l'enchaînement et l'ordre des événements du monde. La liberté (l'indépendance) à l'égard des lois de la nature est à la vérité un *affranchissement* de la *contrainte*, mais aussi du *fil conducteur* de toutes les règles. En effet, on ne peut pas dire qu'au lieu des lois de la nature, des lois de la liberté s'introduisent dans la causalité du cours du monde, puisque, si la liberté était déterminée suivant des lois, elle ne serait pas liberté, mais ne serait que nature. Nature et liberté transcendantale diffèrent donc entre elles comme conformité aux lois et affranchissement des lois. La première accable l'entendement de la difficulté de rechercher toujours plus haut l'origine des événements dans la série des causes, puisque la causalité y est toujours conditionnée, mais elle promet en retour une unité d'expérience universelle et conforme à la loi. L'illusion de la liberté, au contraire, offre sans doute du repos à l'entendement qui pousse ses explorations dans la chaîne des causes, en le conduisant à une causalité inconditionnée qui commence à agir d'elle-même, mais, comme cette causalité est aveugle, elle brise le fil conducteur des règles qui seul rend possible une expérience universellement liée. »

Tout esprit qui soumet la conscience spontanée du libre arbitre à la critique rationnelle, à celle

de la conscience réfléchie, se heurte à cette antinomie. Il n'est donc pas surprenant que les penseurs pour qui le principe de contradiction est
un criterium valable dans tous les cas, quel que
soit l'objet du jugement auquel on l'applique,
échouent toujours dans la tentative de prouver
la réalité du libre arbitre.

Mon inclination à y croire a longtemps rencon-
tré là un empêchement dérimant en dépit du témoignage de ma conscience spontanée. Je me
voyais rationnellement obligé d'en douter bien
que je n'en pusse douter effectivement.

Un passage du beau livre de William James
L'Expérience Religieuse[1] décrit bien ce conflit
moral ; le voici : « ... Cependant si l'on prend
l'activité de l'esprit dans sa réalité vivante, si l'on
considère tout ce qui, dans une âme d'homme,
est en dehors de ses connaissances rationnelles
et, caché en lui-même, dirige secrètement sa con-
duite, avouons que le rationalisme ne fait qu'ef-
fleurer la surface de la vie intérieure si riche et
si profonde... Ces intuitions ont leur source dans
des profondeurs où le rationalisme avec son flux
de paroles ne saurait atteindre... Au vrai, dans

1. William James, professeur de psychologie à l'Université de
Harward, correspondant de l'Institut de France. *L'Expérience religieuse, essai de psychologie descriptive*, traduit par Frank Abauzit,
professeur de philosophie au lycée d'Alais. (Paris, Félix Alcan).

le domaine métaphysique et religieux, les raisons explicites n'ont aucune influence sur nous, tant qu'une intuition sourde et implicite ne nous pousse pas dans le même sens... L'instinct marche en avant, l'intelligence le suit docilement. » Ne dirait-on pas que William James vise expressément le cas du libre arbitre, où les objections logiques ne prévalent pas plus contre le sentiment que ne le priment les démonstrations logiques.

Quand le doute rationnel n'est pas en même temps effectif, il y a lieu de se demander s'il est valable, si, au lieu d'être la marque d'une impossibilité inhérente à la nature des choses, il n'est pas le signe d'une impuissance de la pensée débordée par son objet, en d'autres termes, si, quoique réel, cet objet n'est pas tel qu'il condamne l'esprit à se contredire en essayant de l'exprimer par un jugement. Je le crois avec sécurité pour l'avoir vérifié sur tous les jugements d'ordre métaphysique que j'ai tenté de former. Or, parler du libre arbitre, c'est s'exposer à rencontrer l'activité, principe de l'acte senti libre. Avant d'agir j'ai conscience que ce principe, quel qu'il soit, existe en moi à l'état latent (*virtuel* pourrais-je dire) et qu'il est entièrement indépendant ; je constate simplement cette donnée, illusoire ou véridique, de ma conscience spontanée. Or, en tant que mon activité à l'état latent fait

partie intégrante du substratum que j'appelle
moi et échappe aux prises de mon intelligence, je
la reconnais d'ordre métaphysique. Elle se manifeste telle par le caractère d'entière indépendance que, en sortant de l'état latent, elle communique et imprime à son acte en le constituant dans
la volition commencement d'action, incompréhen-
sible pour l'intelligence humaine. Or, quand celle-
ci prétend expliquer et formuler par un jugement
ce qui lui est inaccessible, elle en est avertie par
une contradiction impliquée dans ce jugement.
Mais, remarque de première importance, elle n'a
pas le droit d'en conclure qu'il est sans objet,
que son objet n'existe pas.

Je ne demande, certes, pas au lecteur d'ac-
cepter d'emblée, sans preuve ni contrôles
empiriques, mes précédentes assertions. Loin
de là, je me propose de les appuyer dans le chapitre
suivant sur un nombre important de faits. Mais
il faut tout d'abord que je distingue avec précision ce qui est d'ordre purement expérimental de ce qui est d'ordre métaphysique,
et je dois montrer que la contradiction accompagne et caractérise toujours les concepts
ou les jugements dont l'objet est métaphysique.
Cette distinction établie, il me sera facile de réfuter l'objection fondée sur le caractère contradictoire du concept de l'acte libre.

CHAPITRE III

L'OBJET MÉTAPHYSIQUE. — CE QUI LE DISTINGUE
DU PROCESSUS ACCIDENTEL. — RÉFUTATION DE
L'OBJECTION TIRÉE DU CONCEPT CONTRADICTOIRE
DE L'ACTE LIBRE.

D'innombrables choses apparaissent et disparaissent, à savoir : les effets en moi de l'observation soit externe, soit interne : figures, couleurs,
sons, odeurs, saveurs, résistances, etc., et, en
outre, mes autres états psychiques (pensées, sentiments, décisions volontaires, etc.) ; enfin mes
souvenirs de tous mes états conscients sont également susceptibles d'apparaître et de disparaître,
et vraisemblablement aussi les causes immédiates
extérieures à moi de tous ces états, mais l'anéantissement *total* de l'Univers me semble impossible.
Je n'ai aucune raison de croire que cette impossibilité ne soit évidente que pour moi, et j'affirme,
sans crainte d'être démenti, qu'il existe quelque
chose d'impérissable, quelque chose qui n'aura
pas de fin. Il s'ensuit que cette donnée n'a pas eu

de commencement. En effet, si en un moment quelconque du passé elle n'eût pas existé, l'Univers n'eût été, à ce moment-là, composé que de choses périssables, ce que je reconnais impossible de tout temps. Mais, objectera-t-on, l'Univers a-t-il toujours existé? Ne peut-on pas concevoir, dans le passé, la non-existence de l'Univers entier, du périssable et de l'impérissable à la fois? Je réponds que le commencement de l'Univers me semble aussi impossible que son anéantissement, et, non plus que précédemment, je n'ai lieu de craindre que cela ne semble impossible qu'à moi. L'esprit humain est donc mis en demeure d'affirmer que ce qui dans l'univers existe présentement sans pouvoir finir, ne peut pas ne pas avoir toujours existé, en d'autres termes existe *nécessairement de toute éternité.* C'est ce que j'appelle l'*Être.*

N'étant déterminé à l'existence par rien d'extérieur à soi, l'Être existe sans le secours d'aucune autre chose, c'est-à-dire *par soi exclusivement.* Il n'est donc conditionné par rien d'extérieur à soi, par aucun milieu ; il est entièrement *indépendant,* en un mot *absolu.* Cette absence de conditionnement extérieur fait dire qu'il existe *en soi.* Il est sans limite : en effet, il existe par soi, et uniquement par soi ; ce qu'il est n'implique donc nul facteur négatif. Le fini implique limite, néga-

tion ; aussi dit-on de l'être qu'il est *infini* (deux
négations équivalent à une affirmation).

Ainsi, d'une part, la réflexion et le raisonnement me révèlent qu'une chose dans l'Univers
existe de toute éternité, l'Être qui jouit des propriétés énoncées ci-dessus, et, d'autre part, l'observation tant interne qu'externe me révèle tout
un monde de choses périssables. Voilà donc deux
départements de choses bien distincts ; sont-ils
indépendants l'un de l'autre, sans communication
entre eux ? Assurément non. Le périssable, en
effet, par définition n'étant pas nécessaire, n'est
ni par soi ni en soi ; il ne peut donc exister que
par et dans autre chose ; or l'univers n'offre que
le périssable et l'impérissable ; c'est donc par et
dans le second que le premier existe.

Toutes les propositions précédentes sont ou
axiomatiques ou empiriques. Les savants positivistes (mathématiciens, physiciens, chimistes,
naturalistes, etc.), ont assurément le droit de négliger l'impérissable, il peut leur être inutile de
s'en occuper, mais ils se tromperaient s'ils déniaient à l'esprit humain l'aptitude à en signaler
l'existence et certaines propriétés, car l'aptitude à
généraliser et à abstraire est applicable à cet objet
tout comme aux divers objets qu'ils étudient. La
spéculation sur l'impérissable ne requiert aucune
aptitude intellectuelle spéciale chez les métaphy-

siciens qui le conçoivent ; seulement chez eux
l'abstraction est poussée plus loin que chez les
autres penseurs. Le point de départ de leurs recherches est comme pour les mathématiciens,
une donnée empirique, laquelle suscite à la pensée
réfléchie une proposition évidente par elle-même,
ne se déduisant d'aucune autre, un ou plusieurs
axiomes. Tout ce que les positivistes peuvent
dire de la métaphysique, c'est que, pas plus que
la science expérimentale, elle n'atteint la nature
intime, le fond même de l'impérissable *substance*. Elle ne peut en affirmer que l'existence et
les propriétés également impérissables sous le
nom d'*attributs*, sans d'ailleurs pouvoir se former
une idée adéquate de ces propriétés, car les définitions qu'elle en donne sont formulées négati-
vement. Elle définit l'Éternel ce qui n'a *ni* commencement *ni* fin ; le nécessaire ce qui *ne* peut
pas *ne* pas exister ; l'absolu ce qui *n'*est pas conditionné ; l'*infini*, ce qui *n'*est pas fini. Les savants
positivistes, à tout prendre, obéissent à la même
exigence mentale que les métaphysiciens, quand
ils supposent aux données périssables de leurs
observations et de leurs expériences, données
qu'ils appellent *phénomènes*, ce qu'ils appellent et
que j'ai précédemment nommé un *substratum*.
Les métaphysiciens ne font qu'approfondir le
sens de ce mot, en concevant un dessous perma-

nent (*sub-stance*) aux choses périssables, désignées dans leur vocabulaire par les mots *accidents,*
contingents, etc. Le domaine de la métaphysique,
exactement délimité, n'est qu'une division du
champ continu de la connaissance humaine. Elle
l'exploite avec le même outillage intellectuel que
la science applique à tout le reste, à cela près
qu'elle aiguise la pioche pour l'enfoncer jusqu'au tuf, qu'elle n'entame d'ailleurs jamais. Il
s'en faut de beaucoup qu'elle soit résignée à ne
point tenter cet impossible sondage, c'est ce qui
l'a discréditée et la confond, car elle aboutit à des
jugements contradictoires.

JUGEMENTS CONTRADICTOIRES SUR L'OBJET MÉTAPHYSIQUE.

I

Puisque le périssable existe dans et par l'impérissable reconnu nécessaire, il y a quelque chose de
commun entre l'un et l'autre. Or, d'une part,
cette donnée commune, en tant que partie intégrante du périssable, n'existe pas nécessairement,
mais, d'autre part, en tant que partie intégrante
du nécessaire, existe nécessairement : conclusion
contradictoire.

Les métaphysiciens semblent n'avoir éprouvé
aucun embarras à faire dériver le périssable de
l'impérissable, les modifications, les accidents, les
contingents de l'être nécessaire, de la substance.
Il m'est, pour moi, impossible de concevoir comment le monde changeant se greffe sur son dessous immuable, où plutôt comment il en procède.
Les changements ne sont pas essentiellement in-
accessibles à mon expérience soit externe, soit
interne, mais l'être métaphysique l'est dans sa
nature intime à mon intelligence. Il s'ensuit que
je ne peux porter sur les rapports que le monde
des changements, le monde accidentel, soutient
avec lui que des jugements dont l'infirmité se manifeste par la contradiction qu'ils impliquent.
En voici des exemples.

II

D'après le peu que nous en pouvons percevoir
par l'observation, tant interne qu'externe, nous
constatons que l'Univers n'est pas, un seul moment, tel qu'il était au moment précédent, c'est-à-
dire n'affecte pas dans le second l'état qu'il affectait
dans le premier : le déplacement ininterrompu de
la terre suffirait à en témoigner. Cette différence
entre ses deux états immédiatement consécutifs
est ce que j'ai appelé un *changement*.

Ce mot est souvent pris dans un sens plus large : on l'applique à la différence constatée entre l'état d'une chose à un moment passé et son état à un moment postérieur, séparé du premier par un intervalle de temps fini, et ce qu'alors on considère, c'est le résultat : la somme d'une série chronique, d'une succession d'états immédiatement consécutifs différents les uns des autres. Par exemple, en rencontrant une personne qu'on n'avait pas vue depuis longtemps on s'écrie : « Quel changement dans ses traits ! » A proprement parler un *changement*, c'est la substitution d'un état à un autre *immédiatement antérieur*, substitution instantanée : opérée en un seul moment, dans cette durée infiniment petite qui constitue le présent.

Remarquons que nous ne pouvons nous former la représentation exacte, l'idée adéquate du moment. En tant qu'infiniment petit, c'est une donnée soustraite à l'expérience, et à ce titre, métaphysique. Une pareille donnée défie l'imagination et l'intelligence humaines. Aussi, quand un langage humain tente de l'exprimer, ne pose-t-il qu'une formule contradictoire.

Pas plus qu'il ne peut se représenter le moment, notre esprit ne peut se représenter un couple de moments immédiatement consécutifs. Un tel couple, en effet, est un continu et suppose par suite quelque chose de commun entre les

deux termes qui le composent ; or chacun de ces
deux termes, en tant que simple, indivisible, se
trouve engagé tout entier dans ce qu'il a de commun avec l'autre, en un mot s'identifie avec lui,
cesse d'en être discernable, et pourtant notre esprit
est mis en demeure d'affirmer que le second est
distinct du premier, sinon aucune durée ne serait
engendrée. Un couple de moments immédiatement
consécutifs est une donnée métaphysique, au
même titre que les moments qui la composent.

Des considérations précédentes il résulte que
nous ne pouvons nous former la représentation
exacte, l'idée adéquate de la composition d'aucun
changement, c'est-à-dire l'idée adéquate du couple
d'états différents affectés en deux moments immédiatement consécutifs par ce qui change ; car, en
tant que deux états n'occupent que deux tels moments, ils sont comme ceux-ci mêmes indiscer-
nables pour notre esprit, quoique distincts.

Le passage du premier de ces états au second
constitue *le devenir*. Il est facile de vérifier sur
l'infiniment petit la nature contradictoire du devenir mathématique. En effet : nous concevons
immédiatement en quoi consiste l'augmentation
et la diminution et nous appelons *grandeur* ou
quantité ce qui en est susceptible ; mais si, en
outre, nous imposons à une chose ainsi qualifiée
la condition d'être infiniment petite, nous impo-

sons par là même à sa nature deux conditions
contradictoires : celle d'être présentement susceptible de diminution, et celle d'être présentement
moindre que n'importe quelle autre grandeur
assignée, c'est-à-dire de ne comporter aucune
diminution.

Les mathématiciens tournent la difficulté en
substituant à l'infiniment petit, présentement réalisé, l'*indéfiniment* petit, variable (équivalente
dans le calcul) tenue d'être toujours moindre que
toute grandeur assignée.

La critique précédente des idées de change-
gement et de devenir est celle de l'idée de l'activité en général ; elle est applicable à toutes sortes
d'activité, soit physiques soit psychiques.

III

L'être métaphysique est nécessaire ; il ne peut
pas ne pas exister, mais les changements que nous
y constatons témoignent qu'il n'existe pas dans
un instant tel qu'il existait dans un autre instant.
Comment concilier cette instabilité avec sa nécessité ? Il ne saurait exister sans affecter un certain
état, de sorte que cet état est impliqué dans sa
nécessité ; l'être nécessaire et sa manière d'être
sont indivisibles et solidaires, de sorte que chan-

ger de manière d'être c'est infailliblement changer d'être, ce qui est incompatible avec la nécessité. Voilà une contradiction irréductible pour la raison humaine qui cherche à s'expliquer l'Univers.

IV

Kant, dans la *Critique de la Raison pure*[1], signale quatre antinomies, c'est-à-dire quatre cas où une même proposition d'ordre métaphysique peut être à la fois affirmée et niée. Je les rappelle au lecteur :

1° *Thèse* : Le monde a un commencement dans le temps et il est aussi limité dans l'espace.

Antithèse : Le monde n'a ni commencement dans le temps ni limite dans l'espace, mais il est infini aussi bien dans le temps que dans l'espace.

2° *Thèse* : Toute substance composée, dans le monde, se compose de parties simples, et il n'existe absolument rien que le simple et ce qui en est composé.

Antithèse ; Aucune chose composée, dans le monde, n'est formée de parties simples, et il n'existe absolument rien de simple dans le monde.

---

1. *Critique de la raison pure*, par Emmanuel Kant, traduction de MM. A. Tremesaygues et B. Pacaud, p. 388 et suiv. (Paris, F. Alcan).

3° Thèse : La causalité selon les lois de la nature n'est pas la seule dont puissent être dérivés tous les phénomènes du monde. Il est encore nécessaire d'admettre une causalité libre pour l'explication de ces phénomènes.

Antithèse : Il n'y a pas de liberté, mais tout arrive dans le monde uniquement selon des lois de la nature.

4° Thèse : Le monde implique quelque chose qui, soit comme sa partie, soit comme sa cause, est un être absolument nécessaire.

Antithèse : Il n'existe nulle part aucun être absolument nécessaire, dans le monde ni hors du monde, comme en étant la cause.

C'est ce que Kant appelle les conflits des idées transcendantales.

Il soumet à la critique chaque terme de chacune de ces antinomies ; il démontre toutes ces propositions avec une égale rigueur. Je ne reproduirai pas ici les preuves qu'il en donne : le lecteur les connaît ou peut aisément se procurer l'ouvrage où elles sont développées.

V

L'activité n'est pas essentiellement le mouvement. L'effort musculaire, par exemple, quand il

rencontre un obstacle invincible, croît sans déterminer un déplacement de son point d'application.
Dans une graine .qui n'est pas semée il existe au
repos un principe actif capable d'exercer sur les
molécules du sol des impulsions dirigées de manière à réaliser un type prédéterminé de structure.
Ces deux sortes d'activité mécanique sont à l'état
dit *potentiel*. C'est une donnée métaphysique. Or
comment une direction, chose dont l'idée, en
mécanique, implique celle du déplacement, peut-
elle être prédéterminée dans une force au repos,
chose dont l'idée exclut le déplacement? Et, en
outre, comment, dans le second exemple, une
infinité de directions différentes, c'est-à-dire de
déplacements différents, peuvent-ils être prédéter-
minés simultanément, puisqu'ils ne sauraient être
que successifs? L'idée de l'activité potentielle est
donc contradictoire à double titre.

VI

L'être métaphysique se spécialise en un nombre
immense d'individus qui tiennent de lui leur être
et ce qu'ils sont. Ceux de ces individus dont nos
sens nous révèlent l'existence, certains caractères
et dans une certaine mesure les mutuelles relations, se partagent en trois grandes divisions com-

munément appelées le règne minéral, le règne
végétal et le règne animal dont l'homme occupe le
degré supérieur ; mais leurs substrata, ce qu'ils
empruntent respectivement à cet être universel
pour relier et soutenir leurs caractères propres,
pour les synthétiser en unités distinctes, cela
échappe aux prises de l'intelligence humaine.
Celle-ci, spéculant sur les données sensibles de
ces trois règnes, croit pouvoir rapporter leurs
substrata à deux espèces d'êtres métaphysiques
qui seraient irréductibles l'une à l'autre, mais
dont, à vrai dire, la séparation est douteuse et qui,
en dernière analyse, apparaissent comme deux
manifestations diverses d'un même être fondamental, deux manières d'être de cette unique
donnée première. Ce qu'on nomme *la matière* et
ce qu'on nomme *l'esprit* ne seraient, selon certains
métaphysiciens, qu'une seule et même substance.
Les matérialistes et les spiritualistes sont jusqu'à
présent irréconciliables, de sorte qu'on peut affirmer que l'objet métaphysique est livré aux dis-
putes des hommes. Or, dans tous les individus,
cet objet, bon gré, mal gré, s'impose, sous leurs
enveloppes phénoménales, à la sonde des obser-
vateurs. Les uns peuvent se contenter d'en reconnaître l'existence et ne s'en plus occuper, comme
font les savants fidèles à la méthode de Bacon, les
autres peuvent au contraire en faire l'unique et dé-

cevant objet de leurs études ; dans l'un et l'autre cas, il suscite des jugements contradictoires, et bien que les savants positivistes se flattent d'échapper à ses pièges, ils y tombent à leur insu parce qu'ils font inconsciemment plus ou moins de métaphysique.

À cet égard je prie le lecteur de me permettre une citation tirée d'un de mes écrits. Dans mon petit livre sur le problème des causes finales auquel j'ai déjà fait un emprunt dans mon avant-propos, j'ai précisément, à la page 160 et suivantes, examiné la distinction généralement admise de la matière et de l'esprit, du physique et du psychique, relevé ce qu'elle a d'incertain et aussi ce que la spéculation sur l'objet métaphysique, d'où ces deux entités ont pris leur origine, engendre de jugements contradictoires. Je préfère me répéter plutôt que de renvoyer le lecteur à mon opuscule.

VII

.....Plus deviennent inférieurs les degrés que nous considérons sur l'échelle des organismes, plus il nous est difficile de nous représenter leur mentalité. Nous nous imaginons approximativement celle d'un chien, assez bien encore celle d'un perroquet, moins nettement celle d'une couleuvre ou d'une mouche, assez mal celle d'une carpe,

très obscurément celle d'un ténia ; nous ne savons
rien de celle du zoophyte qui, placé à la limite
du règne animal et du règne végétal, participe de
l'un et de l'autre. A ce point de la bifurcation des
deux règnes, nous sommes avertis du rôle que
joue la mentalité dans l'évolution terrestre ; il nous
semble que la fonction cérébrale trouve sa raison
d'être pour les animaux dans la nécessité où ils
sont de suppléer par elle au défaut de communication immédiate de leur organisme avec le sol
d'où dépend leur nourriture. La racine dispense
la plante de penser pour subsister[1]. Mais l'énergie
organisatrice de la vie végétale, et, à plus forte
raison, de la vie animale jouit-elle de la même
franchise? Et si elle ne peut s'affranchir de penser
dans la plante pour en conserver le type et en
gouverner la croissance, et, en général, dans tout
le processus de l'évolution organique, pour en déterminer la direction initiale et la maintenir dans
la trajectoire si variable qu'il engendre, comment
pense-t-elle? Ce n'est assurément pas comme
nous. Certains actes nous permettent de constater,
sans que nous puissions nous la représenter, la
transformation progressive de la mentalité dans

---

[1]. La locomotion n'est pas refusée à tous les types du règne
végétal (fleur de tan, algues unicellulaires), mais la fixité est bien
le caractère général des végétaux.

l'évolution universelle. J'en citerai les frappants exemples qui suivent.

Ce qui est capable, si peu que ce soit, de conscience n'est à coup sûr pas matériel. La matière est essentiellement inconsciente; c'est son caractère fondamental. Un état mental inconscient participe donc de ce caractère; tel est le premier degré qui rapproche le psychique du physique. Or il y a plus d'un état mental inconscient: toutes les perceptions sensibles et toutes les idées générales ou abstraites passées à l'état mnémonique. à l'état de souvenirs latents, sont inconscientes. Le sont également toutes les passions latentes, que peuvent réveiller des souvenirs ou des rencontres; toutes les volitions qui déterminent nos actes habituels le sont aussi. Elles le sont même dans certains actes qui ne sont point passés à l'état d'habitude. On oublie, en causant, la volonté qu'on apporte à gravir une côte; l'attention est d'autant plus inconsciente qu'elle s'attache davantage à son objet: plus on écoute, moins on a conscience qu'on est attentif.

Le degré où le psychique se rapproche le plus du physique, au point d'en être indiscernable, est celui dont l'exemple nous est fourni par l'effort musculaire. Remarquons que l'effort est psychique aussi bien dans le déploiement de la force musculaire que dans l'attention, car dans le premier cas comme dans le second il suppose l'exercice de la volonté. Or, dans le premier cas, la volonté communique avec l'énergie mécanique par une initiative à la fois volontaire et dynamique. Il faut en effet, que cette initiative soit d'ordre dynamique, sinon il ne pourrait rien y avoir en elle qui lui permît d'établir la communication de la volonté avec l'énergie musculaire. Au point et au moment où elle entre en relation avec celle-ci, le psychique devient indiscernable du physique.

Le phénomène si subtil de l'expression offre un exemple aussi remarquable d'identification du physique et du psychique ; il est impossible de les discerner l'un de l'autre dans la physionomie d'un homme qui rit ou qui pleure. Le facteur psychique s'y trouve intimement confondu avec le physique ; ils y sont deux caractères absolument identiques. Le langage, né de l'observation spontanée, en fait foi ; on dit : *profondeur, élévation* de la pensée ; *largeur, hauteur* des vues intellectuelles, jugement *ferme*, raisonnement *solide*, et aussi douleur morale *profonde, aiguë*. Les qualificatifs dans *sombre* tristesse, *noir* chagrin, *amer* regret, ne sont pas à citer ici, parce qu'ils n'expriment pas le monde extérieur et ne sont pas objectifs ; ils n'ont de caractères identiques et par là expressifs qu'avec les qualités purement subjectives des sensations.

Entre les deux degrés extrêmes de l'assimilation du psychique et du physique on en pourrait relever d'autres qui en marquent les étapes :

1° Ce qu'on appelle le *champ visuel* est de l'étendue à deux dimensions à l'état psychique ; seul le concours du toucher et de la vision permet d'interpréter la dégradation des tons comme signe de la troisième dimension et de localiser l'horizon. L'étendue visuelle représente l'étendue objective, l'espace, et cependant, si elle s'y localisait, elle y tiendrait toute en un point, et le point n'est pas étendu. Étrange contradiction imposée à l'esprit humain par la métaphysique ;

2° L'énergie mécanique à l'état d'énergie volontaire, quand, par exemple, je tends volontairement le bras ; la première existe, en outre, à l'état mental, dans l'idée que l'esprit en forme. Ce qui pense n'est certainement pas identique à ce qui fait graviter les corps, et néanmoins, dans l'idée d'un corps qui tombe, il faut bien que la pesanteur soit représentée. Or, comment le peut-elle être, sinon par un similaire psychique où elle soit intégralement reconnaissable ? Ce similaire ne saurait être simplement la pesanteur atténuée, car, d'une part, elle ne serait point alors passée à l'état psychique, et, d'autre part, un poids d'un kilogramme, par exemple, devrait être représenté par un poids atténué, c'est-à-dire par un moindre poids, conséquence contraire à la définition même de la représentation. Comment donc la pesanteur, telle qu'elle est dans les corps, devient-elle ce qui la représente dans la pensée? C'est le mystère le plus déconcertant pour l'esprit humain ; mais cette transfiguration n'en est pas moins réelle comme l'idée même de la pesanteur. Cette réalité est métaphysique ; nous ne devons donc pas nous étonner qu'elle ne puisse être formulée dans l'entendement de l'homme que par une proposition contradictoire. C'est à l'état phénoménal, et non potentiel, que le physique et le psychique nous semblent irréductibles l'un à l'autre. Si nous pouvions nous identifier au substratum commun du psychique et du physique, nous saisirions immédiatement leur unité et nos concepts incompatibles se résoudraient en intuitions.

Il y a donc dans la formation de l'idée de force passage de l'état physique à l'état mental. Dans ce processus qui commence par une impression mécanique sur le nerf sensitif afférent au toucher et finit par la représentation psychique de cette impression, il n'y a pas de solution de continuité. Remarquons que toutes les sensations sont déterminées par une impression dynamique d'origine physique ou chimique, et doivent en participer ; c'est ce qui leur permet d'être *expressives* du monde extérieur ; mais, excepté la sensation tac-

tile, elles ne sont pas intégralement dynamiques.
Le son, la couleur, l'odeur, la saveur sont dynamiques seulement par leur intensité et leur
vivacité ; ces sensations ne le sont point par leurs
qualités spécifiques, par celles qui distinguent
chacune des autres ;

3° Tout processus dérivant d'un état passionnel
qui détermine le vouloir à susciter et diriger un
acte de la force musculaire atteste l'identification
du psychique et du physique, car il est composé
de données psychiques et de données physiques
en communication les unes avec les autres dans
un certain ordre. Les psychologues physiologistes
et les psychologues de l'ancienne école (qui ne
se renseignent que par l'introspection) ne sont
pas d'accord sur cet ordre[1]; mais, quel qu'il

1. Les psychologues-physiologistes pensent que tous les faits
psychiques sont conditionnés par des faits physiques et que, dans
un processus physico-psychique, les premiers ne forment pas avec
les seconds une seule et même chaîne dont ils seraient des anneaux
au même titre ; ils pensent que les seconds forment seuls une
chaîne d'où les premiers sont exclus ; les faits psychiques sont
seulement surajoutés, en dehors d'elle, aux anneaux physiques
dont elle est uniquement composée. Ce ne sont, en un mot, à
leurs yeux, que des *épiphénomènes*, des phénomènes qui n'ont
qu'une seule attache dans le déterminisme universel.

Les psychologues de l'ancienne école pensent, au contraire, que
le processus physico-psychique représente une seule et même
chaîne où les faits physiques alternent avec les faits psychiques à
titre d'anneaux comme eux, et peuvent les déterminer.

Quand, par exemple, un père pâlit à la nouvelle soudaine de la
mort de son fils, il leur semble impossible de concevoir comment

soit, la communication entre le psychique et le physique demeure un fait indéniable et prouve que la nature de l'un n'est pas entièrement différente de celle de l'autre ;

4° Les actes voulus que, tout d'abord, a déterminés une délibération consciente, comme la marche, et qui, ensuite, sont devenus habituels ;

5° Les actes dits *instinctifs*, souvent très compliqués et savants, comme la construction d'une ruche d'abeilles, accomplis sans hésitation, mais qui probablement ont dû être réfléchis à l'origine et devenus habituels à la longue, car, si l'habitude est contrariée par quelque obstacle, l'animal modifie son plan de structure et l'adapte à l'obstacle ;

6° Les mouvements réflexes protecteurs, comme celui de la paupière, quand l'œil est menacé d'une atteinte par un projectile ;

7° Les orientations des branches d'une plante portée à diriger son feuillage vers la lumière : a-t-on fourni une explication purement mécanique et satisfaisante de ce phénomène ? Je l'ignore[1].

Ces divers exemples (et l'on en pourrait, sans

---

l'anémie faciale pourrait précéder la surprise douloureuse qu'elle révèle et la déterminer. La subordination du physique au psychique leur paraît non moins évidente dans le processus de la volition déterminant l'action musculaire.

1. Je cite cet exemple sous toutes réserves.

doute, produire plusieurs autres) suffisent à faire
beaucoup réfléchir sur la nature de la pensée.

Dans les exemples 4° et 5°, où l'habitude est
en cause, la mentalité n'est pas abolie ; elle est
devenue inconsciente, et le vouloir, qui lui sert
à communiquer avec la force musculaire, agit inconsciemment comme elle, sans être non plus
supprimé. Les actes habituels, en effet, souvent
très compliqués, ne sont pas purement mécaniques, bien qu'automatiques ; ils ne sont pas assi-
milables à des résultantes de mouvements combi-
nés, comme le sont, par exemple, les *effets* au
billard. Quand je marche en méditant, sans me
tromper de chemin, aucun de mes pas n'est une
résultante de directions et une somme de vitesses,
car la vitesse et la direction de ma marche présente sont indépendantes de celles de mes mar-
ches antérieures ; et quand j'ai appris à marcher,
les facteurs direction et vitesse étaient conditionnés uniquement par ma pensée et ma volonté
conscientes. Mais, s'il en est ainsi, qu'est-ce que
peut bien être une idée inconsciente, comme celle
qui dirige mes pas par l'intermédiaire de ma volonté? Une pareille idée, si inconcevable qu'en
soit la nature, existe cependant ; sa réalité est si
peu contestable que son type nous est fourni dans
le souvenir latent, sujet à réviviscence. Une idée
à l'état de souvenir latent est un fait identique à

celui que nous examinons, un fait réel qui nous oblige à reconnaître que la conscience n'est pas essentielle à la pensée. Nous touchons là au moment critique d'une transformation capitale qui nous semble contradictoire, parce qu'elle est d'ordre métaphysique, mais n'en est pas moins réelle; et cette transformation nous procure une ouverture sur le concours de l'intelligence à la genèse universelle, à condition de prêter au mot *intelligence* un sens catégorique, beaucoup plus étendu que celui qui nous est fourni par la conscience humaine, et de nous résigner à ne pas comprendre ce sens d'une manière adéquate, à ne pas voir distinctement ce que nous dénommons. Ce qui détermine, chez les animaux, au moyen de la force musculaire, les réflexes protecteurs, qu'est-ce sinon la pensée inconsciente, reconnue, non plus comme cérébration humaine, mais comme fonction de l'énergie potentielle primordiale génératrice de tout le monde phénoménal (pensée plus inaccessible encore à notre intuition, et soustraite à toute définition en tant que genre premier)? Qu'est-ce sinon elle qui, dans les deux derniers exemples cités plus haut, provoque l'abaissement de la paupière dans l'intérêt de la vision et peut-être, au moyen de la force organique propre à la végétation, oriente le feuillage dans l'intérêt de celle-ci? Cette pensée incon-

science, requise pour distinguer du simple mouvement mécanique le mouvement réflexe et lui
conférer son caractère spécial physiologique, induit enfin à attribuer un sens de même ordre aux
mots *irritabilité, excitabilité*. Ce qui correspond
à ces mots est, en effet, le caractère fondamental
de la vie organique. Vous sentez que la réaction de
la substance vivante à une impression physico-
chimique (mécanique en dernière analyse) diffère
d'une simple communication de mouvement,
telle que celle du choc ; dans nombre de cas la
direction prise par le mouvement provoqué suffirait à vous en avertir. Quelque chose qui n'est
aucune forme de l'énergie mécanique intervient,
confisque l'impression et en modifie l'effet purement mécanique ; ce facteur est encore la pensée
inconsciente.

Une telle pensée participe à la fois du monde
psychique, à titre de phénomène d'ordre intellectuel, et du monde mécanique, à titre de phénomène inconscient. Dans la région des phénomènes ces deux caractères paraissent irréductibles,
mais l'observation la plus simple oblige à reconnaître que, à une profondeur impénétrable pour
l'esprit humain, ils ont un substratum commun :
il suffit de remuer un doigt. N'est-il pas évident
qu'il y a quelque chose de commun à la pensée
et à la force, puisque, en ce moment même, j'écris

ce que je pense, ce qui serait impossible évidemment s'il existait un abîme entre l'acte mental et l'acte musculaire. Rien de plus incontestable que la proposition suivante : quand deux choses communiquent, elles ont quelque chose de commun. Il y a plus : pour la même raison la distinction de la masse et de la force n'est irréductible que dans la région des phénomènes où leurs effets seuls tombent sous les sens, de sorte que, de proche en proche, on arrive à constater que la distinction de la masse[1] et de la pensée n'est irréductible que dans leurs manifestations phénoménales, qu'elle est superficielle et seulement apparente.

Si les conséquences précédemment déduites de données tout expérimentales sont rigoureuses, il n'y aurait donc qu'un même substratum foncier à tous les événements, soit psychiques, soit physico-chimiques (mécaniques). La querelle interminable entre les spiritualistes et les matérialistes perdrait sa raison d'être et prendrait fin. Elle durera aussi longtemps qu'elle demeurera sur le terrain des phénomènes, parce que des deux côtés on conclut de la différence irréductible de ceux-ci

1. On appelle masse en mécanique rationnelle le rapport entre les forces et les accélérations qu'elles impriment à un corps. C'est l'expression mathématique de ce que j'appelle ici la masse. J'entends par ce mot le substratum métaphysique révélé par ce fait qu'il peut y avoir variation de la vitesse, la force demeurant constante, ou variation de la force sans que la vitesse varie.

à la distinction de leurs substrata. On ne considère pas la conjonction empiriquement constatée de leurs processus respectifs au point où ils procèdent l'un et l'autre de leur substratum commun, de l'être métaphysique appelé la *substance* par les philosophes.

L'esprit humain, qui déduit du concept de l'être métaphysique les propriétés de celui-ci énoncées précédemment, ne saurait former une idée adéquate d'aucune d'elles, car il est dépassé par chacune. Aussi n'essaie-t-il pas de les comprendre : il se contente de les définir par négation, en supprimant de ce qu'il comprend ce qui le lui rend compréhensible, la mesure qui le met à sa portée. Quand il raisonne, comme je l'ai fait plus haut, sur l'une quelconque de ces prémisses négatives, il raisonne donc sur ce qu'il ne comprend pas ; il peut néanmoins raisonner juste (comme le fait, par exemple, un algébriste sur une formule compliquée de géométrie analytique sans avoir à se représenter les rapports spatiaux qu'elle symbolise), mais forcément les conclusions lui sont aussi incompréhensibles que les prémisses, c'est-à-dire que, ou bien elles n'offrent à son aperception rien de distinct, ou bien elles paraissent impliquer contradiction. Telle est l'alternative que crée à la pensée humaine toute spéculation logique sur une donnée métaphysique. Il y a donc impossibilité pour l'esprit humain de formuler les données métaphysiques sans contradiction implicite, dès qu'il leur prête un sens. Aussi ne faut-il pas s'étonner que le sens très clair d'une donnée empirique (telle que l'intelligence humaine, par exemple) aille toujours en s'obscurcissant à mesure qu'elle occupe un degré plus profond dans l'abîme métaphysique.

Au voisinage du degré où s'opère la bifurcation des phénomènes psychiques et des phénomènes physico-chimiques dans leur commun substratum, ces deux ordres d'événements tendent à se confondre en se rapprochant et en même temps deviennent, de part et d'autre, méconnaissables pour nous. Mais, en revanche, leur confusion n'est pas sans avantage : au moment où elle s'effectue, le spiritualisme et le matérialisme cessent d'être en conflit.

Dans le miroir de l'esprit humain la raison organisatrice de la vie est à la raison de l'homme ce que le combat des espèces est à sa morale. Renonçons à la téméraire tentative d'appliquer notre jugement à des matières qui échappent à sa compétence.

Sans parti pris de ma part, mes conclusions militent en faveur du monisme. Plus j'étudie, plus j'y verse. Mais je reconnais que l'intelligence humaine n'est pas apte à ce genre de spéculation.

Le long recensement que je viens de faire de cas où l'esprit humain, outrepassant les limites du monde accidentel, qui est le champ de la double expérience externe et interne, rencontre l'objet métaphysique, ce recensement met en relief la diversité, par suite l'incertitude des opinions et le caractère contradictoire des concepts et des jugements formés sur la nature intime de cet objet. Il ressort également des nombreux exemples cités que la raison humaine est avertie de ses bornes par cette incertitude et cette contradiction et n'est pas en droit d'en conclure que la chose incertaine, affirmée et niée en même temps par elle, n'existe pas.

INTERPRÉTATION DES JUGEMENTS CONTRADICTOIRES

Puisque l'esprit humain est exposé à former des concepts ou formuler des jugements contradictoires sur des choses qui n'en existent pas moins, et par suite à en nier faussement la réalité, il importe au plus haut degré de définir exactement ce qui distingue ces choses de celles où il ne court pas ce risque, où il peut concevoir et raisonner en toute sécurité, c'est-à-dire ce qui distingue les données métaphysiques des données qui sont de son ressort. Si cette distinction n'était pas possible à faire sûrement, le principe de contradiction, fondement de la logique, serait fallacieux et aucune connaissance ne trouverait en lui un contrôle certain. La règle pour ce discernement est la suivante : est métaphysique toute donnée reconnue inaccessible soit au sens, soit à la conscience, soit à l'observation externe, soit à l'observation interne. Cette règle du même coup assigne leur objet aux sciences positives : une science n'est positive qu'à la condition de ne viser que des rapports. Nous entendons cependant les savants parler de *substratum*, de *matière*, d'*atomes*, de *molécules*, d'*énergie*, de *forces*, etc., mais il n'en faudrait pas pour autant inférer qu'ils font de la métaphysique, Il n'y a pas de rapports sans termes et les termes en sont tous directement ou indirectement métaphysiques. Ils le sont indirectement dans l'expression algébrique $\dfrac{ab}{cd}$ par exemple, qui représente un rapport fractionnaire dont les termes sont eux-mêmes des rapports (de multiplication) ; mais les signes *a b c d* représentent, en dernière analyse, des mesures de données concrètes dont la nature intime est métaphysique. Pourvu que les savants se bornent à constater l'*existence* de ces données sans spéculer sur leur nature intime, ils demeurent fidèles à l'esprit scientifique.

RÉFUTATION DE L'OBJECTION TIRÉE DU CONCEPT
CONTRADICTOIRE DE L'ACTE LIBRE.

Si, comme je l'espère, ceux qui ne se fient pas au témoignage de la conscience spontanée ne peuvent réfuter la distinction précédemment établie entre les jugements contradictoires d'ordre métaphysique et les jugements contradictoires d'ordre empirique, et s'ils conviennent ainsi que la chose à la fois affirmée et niée (explicitement ou implicitement) par les premiers n'est pas irréalisable, ils ne pourront plus à ce témoignage affirmant la réalité du libre arbitre opposer tout d'abord la fin de non-recevoir péremptoire qui l'eût condamné sans même qu'il fût besoin de l'examiner. Ils ne le rejetteront pas d'emblée comme obligeant la conscience spontanée active, la raison, à en formuler le concept par des jugements contradictoires et notamment à en tirer la conséquence, étrange assurément, que, grâce à l'entière indépendance de l'acte volontaire, grâce à ce qu'il échappe à tout conditionnement, il constitue un hiatus, une solution de continuité dans la chaîne des événements, un commencement sans antécédent qui le prescrive dans le processus universel.

CHAPITRE IV

PREUVE INDIRECTE DU LIBRE ARBITRE

Argument contre la nécessité universelle tiré de l'origine empirique de l'idée du Libre Arbitre.

Si les partisans de la nécessité universelle reconnaissent, comme j'ai tenté de le montrer, que certaines choses dont les concepts sont contradictoires peuvent cependant exister parce qu'elles sont métaphysiques, ils opposeront au libre arbitre un autre argument que la contradiction impliquée dans son concept. Ils allégueront que tous les événements qu'il leur est donné d'observer sont conditionnés et déterminés à l'existence nécessairement. Ce n'est qu'à la dernière extrémité qu'ils admettront l'entière indépendance d'un événement et si l'expérience interne témoigne qu'il en existe un, l'acte volontaire, ils déclarent, jusqu'à preuve du contraire, faillible cette expérience et illusoire l'idée d'un pareil acte.

Examinons de près leur hypothèse. Selon eux le processus universel est une succession d'événements dont chacun est conditionné par ceux qui le précèdent, de telle sorte que son antécédent immédiat le détermine immanquablement à l'existence, en un mot le nécessite. Ainsi, aucun événement n'existe par soi, n'existe sans être nécessité par quelque antécédent et, par suite, n'est un commencement absolu de processus. Le processus universel exclut donc précisément ce qui caractérise le libre arbitre. Remarquons, en outre, que l'idée du libre arbitre, en tant qu'événement psychique, appartient, au même titre que tous les autres événements, au processus universel et, par conséquent, y est, d'après l'hypothèse même, déterminé à l'existence par quelque antécédent immédiat.

Cela posé, je dis que l'objection des déterministes à outrance est non-avenue. En effet : un événement n'est idée du libre arbitre qu'autant que l'entière indépendance de l'action, c'est-à-dire le commencement absolu de l'action y est impliqué à l'état mental, à l'état d'idée. Or comment le processus universel, supposé par eux tout entier nécessité, peut-il fournir, même à l'état mental, le caractère d'un commencement absolu? Ces déterministes sont donc mis en demeure d'exclure du processus de tous les événements ce que leur doctrine reconnaît comme événement existant.

Peut-être répondront-ils qu'il suffit, pour former l'idée du libre arbitre, de concevoir simplement le contraire de celle de la nécessité, que ce concept est déduit des données empiriques et appartient par là au monde accidentel comme tout autre concept. Je nie qu'il puisse être réalisé par ce procédé. Il s'en faut, en effet, que le contraire d'une chose puisse être déduit de cette chose. Le contraire d'une chose en est une autre de même genre que la première et positive comme elle, mais dont les caractères spécifiques impliquent l'intégrale négation des caractères spécifiques de la première. Par exemple : dans le genre *passionnel* la peine est le contraire de la joie, dans le genre *moral* l'injuste l'est du juste, dans le genre *esthétique* le laid du beau, dans le genre *logique* le vrai du faux, dans le genre *sensitif* le froid du chaud, dans le genre *mécanique* la faiblesse de la force, etc. Dans chacun de ces genres le caractère spécifique de l'un des termes exclut totalement celui de l'autre, n'a rien qui permette de le constituer. Pour que deux choses soient dites contraires, il ne suffit pas que l'une soit simplement la négation de l'autre, car si chacune n'était que cela aucune ne poserait rien ; or un contraire est quelque chose de positif.

En résumé, l'idée de l'indépendance absolue, c'est-à-dire d'une activité exempte de toute condition nécessitante, existe dans l'univers, et elle n'a pu se former que si une telle activité y existe réellement. Ma propre activité psychique, sous le nom de *vouloir*, est cette activité même ou, du moins, en participe, et l'indépendance absolue dont elle jouit se révèle à ma conscience spontanée sous le nom de *libre arbitre*.

Il importe de remarquer que la réfutation précédemment opposée aux partisans de la nécessité n'a de portée efficace, ne saurait aboutir à une preuve du libre arbitre qu'à une importante condition : il faut admettre que l'idée d'une chose implique les caractères propres à cette chose, les caractères qui la définissent. Or, si évident que cela paraisse tout d'abord, le doute à cet égard n'est pas sans apparence de fondement. On a, par exemple, l'idée d'un kilogramme : or, en examinant ce qui constitue cette idée, en examinant d'abord son *substratum*, c'est-à-dire la donnée immédiate dont elle est une modification, on reconnaît que ce substratum est de nature *psychique*. Il n'implique donc, dira-t-on, rien de la pesanteur, et l'on en conclura qu'il n'a pas de caractère commun avec un poids, qui est de nature physique, et par conséquent ne saurait comporter aucune modification *psychique*. Ne voilà-t-il point un cas où il semble bien que l'idée d'une chose n'implique pas le caractère propre à cette chose ?

Il m'incombe de lever cette difficulté, de montrer qu'elle n'est qu'apparente et résulte d'une analyse incomplète de la nature de l'idée. Je me sens dès lors tenu de reprendre cette analyse, non pas, certes, dans tout le détail que comporterait une théorie générale de la connaissance, mais uniquement à mon point de vue, dans la seule partie qui intéresse directement ma démonstration.

CHAPITRE V

LA NATURE ET LA FORMATION DES IDÉES.
CONCLUSION

Il est bien entendu que je n'entreprends pas dans les pages qui suivent de composer un traité de la connaissance complet. Tant s'en faut; je m'en tiendrai à examiner les fonctions mentales directement relatives à la question qui m'occupe. Je n'ai donc pas à m'excuser des lacunes que le lecteur ne manquera pas de relever dans cet exposé partiel et succinct.

I

Je lui ai fait connaître dans l'Avant-Propos le sens que j'attache aux termes *état conscient, conscience spontanée* (soit *active*, soit *passive*), *conscience réfléchie*. Je l'y renvoie; c'est par la définition de ces termes que doit débuter toute analyse de la connaissance.

Les états conscients les plus constants et les plus fréquents sont les *sensations* (résistances, sons,

4.

couleurs, saveurs, odeurs), dont les synthèses respectives constituent les *perceptions* (tactiles, auditives, visuelles, gustatives, olfactives). La fonction principale des perceptions est de servir de signes à des événements qui s'accomplissent hors de la conscience, en un mot de les *représenter* en elle. Qu'est-ce donc que la représentation ?

On dit qu'une chose A en représente une autre B, quand on substitue volontairement A à B dont la perception est moins prompte, ou moins facile, ou impossible, et qu'on affecte A à noter dans la pensée et dans la mémoire l'existence passée, présente ou future de B, sans que d'ailleurs A participe en rien de ce qui distingue B des autres choses, c'est-à-dire en rien des caractères qui définissent B. Par exemple, en algèbre, des lettres représentent des valeurs sans avoir rien de commun avec celles-ci, par pure convention. La représentation est alors un signe conventionnel, un pur symbole. On dit encore qu'une chose en représente une autre quand la première, sans avoir non plus aucun caractère spécifique commun avec la seconde, s'y substitue d'elle-même sans convention préalable, par une concomitance constante, de telle sorte qu'il suffit de percevoir la première pour penser à la seconde. Par exemple : le cri du paon fait penser à l'aspect de cet oiseau sans rien emprunter aux caractères distinctifs de son plumage. Tel mouvement de tête, non concerté, mais constant, s'associe à l'affirmation, tel autre à la négation. La chose qui représente est alors par concomitance constante un signe ou symbole de la chose représentée. L'efficacité de ce signe, tout comme celle du signe conventionnel, requiert que la chose signifiée ait été préalablement perçue. Qui n'aurait jamais vu un paon au moment où il crie ne serait évidemment pas en mesure d'attribuer ce cri pour signalement à cet oiseau plutôt qu'à tel autre animal, et qui n'aurait jamais pu constater par le langage ou les actes d'aucun homme que tel ou tel mouvement de la tête accompagne l'intention d'affirmer ou de nier n'aurait aucune raison de considérer l'un ou l'autre mouvement comme signe de telle intention plutôt que de telle autre.

Enfin l'on dit qu'une chose en représente une autre quand elle en est le similaire ; la première alors représente la seconde par tout ce qu'elle a de commun avec ce qui caractérise celle-ci. La chose représentative, dans ce troisième cas, n'est pas à proprement parler un *signe*, c'est un *exemplaire*, mais un exemplaire incomplet et seulement impliqué dans la chose représentée.

Avant d'aller plus loin, j'introduis ici la définition du *rapport*, mot dont j'aurai à faire plusieurs fois usage. Il y a *relation* ou *rapport* entre deux choses quand chacune d'elles participe *de* ou *à* une

troisième qui leur est commune, Trois données
concourent donc à la formation de tout rapport.
Les deux premières sont habituellement appelées
les *termes* du rapport ; ce nom convient également
ment à la troisième qu'on pourrait appeler le *commun*
mun terme ou le *moyen terme* du rapport.

Je recommande à l'attention du lecteur cette
définition du rapport. On n'est pas accoutumé à
le considérer comme composé de trois facteurs ; il
importe à cette étude que le moyen terme soit
signalé.

Je reviens à mon analyse. La représentation
d'un homme, par exemple, au moyen du crayon
ou du pinceau sur un plan ne reproduit jamais intégralement
gralement le modèle. Selon la vision de l'artiste le
dessin altère les rapports de position que la perspective
pective impose aux rapports linéaires et les dimensions
mensions peuvent être toutes proportionnellement
ment réduites ; le tempérament du peintre altère
la reproduction des couleurs. Néanmoins il existe
entre l'homme qui a posé et la copie quelque chose
de commun qui constitue la *ressemblance* ; la copie
est un similaire du modèle.

Une pareille représentation est, à proprement
parler, *expressive* de la chose représentée, elle en
est l'expression [1].

---

1. Les mathématiciens disent d'une formule algébrique repré-

C'est ce caractère expressif qui confère à certaines représentations la qualité de notions : elles renseignent en effet sur leurs objets par ce qu'elles ont de commun avec eux.

La notion suppose plusieurs facteurs qui en complètent la définition.

Elle suppose d'abord dans le sujet une aptitude spéciale, l'aptitude à entrer dans l'état indéfinissable qu'on appelle conscient. Or pour y entrer il faut d'abord qu'il y ait communication entre le sujet et l'objet. Il faut donc que ces deux termes du rapport qui engendre la notion participent d'un

sentant un rapport ou un système de rapports entre des grandeurs ou des positions qu'elle en est l'*expression*. Bien que les signes algébriques des rapports et de leurs termes soient de purs symboles, néanmoins ce mot, dans leur langage si précis, justifie et confirme l'usage que j'en fais ici, car ils ne l'appliquent pas aux signes mêmes ; ce sont, en effet, des signes tout conventionnels. Aussi ne disent-ils pas : « Les grandeurs *exprimées* par les signes *a* et *b* » car elles ne sont que *représentées arbitrairement* par ces signes graphiques ; ils ne disent pas : « La grandeur *exprimée* par la disposition des lettres *a* et *b* au-dessus et au-dessous du trait —, car cette disposition et ce trait $\left(\frac{a}{b}\right)$ ne constituent qu'un *symbole arbitrairement représentatif* de la division de la grandeur *a* par la grandeur *b*. Mais ils disent : « Le rapport de ces deux grandeurs exprimé par $\frac{a}{b}$ » parce que la division de la première par la seconde n'est plus arbitraire pour représenter leur rapport. En effet, cette division opérée mesure l'une au moyen de l'autre prise pour unité et par là leur applique la définition même du rapport mathématique, ce qui est par excellence *exprimer* celui qu'elles soutiennent entre elles.

troisième qui leur soit commun puisque c'est ce
qu'ils ont de commun qui fournit au sujet de quoi
former la représentation expressive de l'objet.

Mais ce n'est pas assez de poser un sujet apte
à connaître et un fond commun entre lui et un
objet de connaissance pour qu'il y ait notion du
second dans le premier. Encore faut-il que l'état
conscient soit déterminé dans le sujet par quelque action exercée sur lui par l'objet et qu'il réa-
gisse contre cette action ; encore faut-il, autrement
dit, qu'il reçoive et sente une *impression* de l'objet
et que des sensations nées de l'impression il fasse
une synthèse qui le lui représente, en un mot une
perception.

L'activité mentale employée à la former est plus
ou moins grande depuis l'acceptation presque passive du groupement des sensations élémentaires
(points, tactiles, couleurs, sons, etc.) formé par
l'impression même, qui suggère une perception
spontanée, irréfléchie, jusqu'à la conscience la plus
attentive de ce groupement. L'activité mentale se
manifeste, en effet, d'abord par l'*attention*, effort
par lequel l'esprit s'applique à recevoir intégralement l'impression et, en général, à opérer avec
toute la puissance dont il dispose ; puis son activité se manifeste par son opération même sur les
données sensibles accueillies par lui.

Les synthèses formées arbitrairement par l'ac-

tivité mentale c'est-à-dire avec des données sensibles simples ou complexes entre lesquelles
l'esprit établit des rapports qui ne sont pas ceux
que lui imposent les impressions, ne sont pas, en
réalité, des perceptions ; ce sont des produits de
l'imagination créatrice, aptitude commune à tous
les penseurs, mais spécialement développée chez
les penseurs de génie et chez les artistes de toutes
sortes. Ces synthèses sont fournies par des sensations et des perceptions antérieurement acquises et
passées à l'état mnémonique, à l'état de *souvenirs*.

Remarquons que le substratum immédiat des
souvenirs, ce qu'on appelle le champ de la mémoire, n'est pas le même que les substrata immé-
diats des perceptions sensibles : par exemple, le
champ de la mémoire, quand il est occupé par
des souvenirs de figures colorées, ne se confond pas
avec le champ visuel. Néanmoins le premier doit
partager avec le second tous les caractères requis
pour le représenter, au même titre que les souvenirs des figures colorées représentent celles-ci,
c'est-à-dire par identité de caractères. Il s'ensuit
que le champ de la mémoire et les souvenirs expriment le champ visuel et les figures colorées
tout comme les perceptions visuelles expriment
l'espace ' et les objets qui impressionnent la rétine.

---

1. Excepté la profondeur, qui n'est visuellement perçue que

La perception visuelle d'un objet extérieur en est donc une image au premier degré, et le souvenir de cette perception visuelle est une image, au second degré, du même objet. Il en est ainsi des autres sortes de perceptions sensibles.

Ce n'est pas tout encore pour qu'il y ait à proprement parler connaissance : un état conscient n'est une notion qu'autant que le sujet a conscience de l'impression comme d'une action exercée sur lui par un agent dont il se distingue, qui fasse naître en lui, plus ou moins formulée, l'*affirmation du moi* en opposition à un monde extérieur, à un *non-moi*. J'ai dit *plus ou moins formulée*, j'ajoute : *implicite* même. Remarquons, en effet, qu'un sujet peut avoir conscience d'une chose sans avoir conscience qu'il en a conscience, c'est-à-dire sans qu'il y ait réflexion. Quand une notion est déterminée pour la première fois par une impression du dehors, du *non-moi*, l'affirmation du *moi* implique conscience (réfléchie ou non) qu'il y a *nouveauté* pour le sujet ; de là l'étonnement. De l'étonnement naît l'interrogation, qui est une réaction intellectuelle du sujet contre l'objet. Mais la conscience de la nouveauté, l'étonnement et l'interrogation n'existent, bien entendu, à l'état net et distinct que chez les vivants supérieurs, chez l'homme

grâce au concours du toucher, comme je le rappellerai explicitement plus loin.

et chez les bêtes assez élevées sur l'échelle des êtres
organisés. Ces états mentaux n'existent chez les
animaux inférieurs qu'à un infime degré. Il est
même vraisemblable qu'au début de l'évolution
animale il existe seulement une obscure sensibilité
aussi voisine que possible de l'inconscience sans
aucune réaction intellectuelle proprement dite.

En résumé, j'entends par *notion* d'une chose
quelconque (intérieure ou extérieure à moi) la
synthèse de deux facteurs à savoir : 1° un état déterminé tout d'abord dans ma conscience par l'impression de cette chose sur elle grâce à l'intermédiaire nerveux de mes sens ou même sans cet
intermédiaire (introspection); 2° l'affirmation faite
implicitement par moi que cette chose existe en
moi ou hors de moi. J'ajoute que la notion m'est
possible parce qu'il y a en moi certains caractères
communs avec la chose, ce qui permet à ma conscience de communiquer avec celle-ci.

La notion est dite *concrète* quand elle représente son objet tel qu'il était perçu pendant qu'il
s'offrait par l'impression à mon observation externe
ou interne ; la notion est dite *abstraite,* quand
elle ne représente qu'une ou quelques-unes des
données constitutives de l'objet, abstraites arbitrairement de ma perception par mon activité
mentale.

Tout ce que la notion a de commun avec l'objet

est dit *objectif* en elle et l'identité de ses caractères avec ceux qui le spécifient est appelé son
objectivité. Tout le reste en elle étant exclusivement des états de moi-même, de ma propre conscience, sujet de l'impression qui la provoque, est
à ce titre appelé *subjectif*.

La notion est une idée mais le sens du vocable
idée est plus large que celui du vocable *notion*, car
une notion est essentiellement et intégralement
représentative de quelque chose de réel, en un
mot objective, tandis qu'une idée peut n'être qu'en
partie objective. Elle peut être formée par la combinaison que fait arbitrairement l'activité intellectuelle de données sensibles dues à des impressions
reçues ; ces données sont ainsi les termes objectifs de rapports tout subjectifs que je crée entre
elles.

II

Je vais maintenant examiner le problème dont
la solution intéresse essentiellement la preuve que
je propose du libre arbitre, je veux dire le problème de l'objectivité des idées. Comment le psychique peut-il représenter le physique à titre de
signe non conventionnel, mais expressif, puisque
ce sont deux données qui semblent n'avoir entre

elles rien de commun ? Comment dans l'exemple précédemment donné, un poids peut-il être exprimé par une idée, le substratum de l'idée n'impliquant rien de pesant ? On comprend que, dans la conscience réfléchie, qui est psychique, un état moral, une sensation ou un sentiment, qui sont également psychiques, puissent être représentés expressivement, être l'objet d'une idée ; mais la formation d'une idée ayant un objet matériel, semble radicalement impossible. Je réponds d'abord que le psychique est sans conteste exprimé par le physique : le visage humain en fait foi ; le sourire est indivisément corporel et moral, ce qui prouve par l'expérience qu'il y a quelque chose de commun entre la matière et l'esprit. Je renvoie le lecteur au tableau que j'ai dressé dans mon livre *L'Expression dans les Beaux-Arts* ; il y verra un nombre considérable d'exemples, tirés du langage, qui montrent l'existence d'un fond commun au monde psychique et au monde physique. Or l'opération qui forme les idées dont l'objet est matériel n'est que l'inverse de l'emploi qui est fait de ce fond commun pour la formation d'un visage. Il n'est pas plus impossible d'exprimer un poids ou quelque autre chose d'ordre matériel par une chose d'ordre spirituel que d'exprimer réciproquement la seconde par la première, que de se faire comprendre en disant ; cet homme

a l'esprit *lourd, pesant* ou *léger* ; cette autre a des
idées *larges, élevées*, des sentiments *bas, étroits*,
etc. Ce qu'il y a de commun entre ces deux ordres de choses sert à exprimer indifféremment les
unes par les autres. Mais dès lors il faut admettre
que la distinction du physique et du psychique
n'est pas foncière, ce que suffit à montrer un fait
que j'ai déjà cité, le mouvement de ma plume
qui est matérielle et néanmoins guidée par ma
volonté qui est spirituelle ; à coup sûr, s'il n'y
avait rien de commun entre celle-ci et celle-là,
l'écriture serait impossible.

III

Toutes les représentations expressives du monde
extérieur dans la conscience ne requièrent pas une
impression préalable faite par le premier sur le psychique. Le fond commun dont j'ai parlé met en
communication immédiate et permanente l'un
avec l'autre ; ainsi l'espace trouve dans le sens de
la vue une représentation expressive qui est innée
et permanente, à savoir le champ visuel, et le
fond commun aux deux est le système des dimensions sauf une : la largeur et la hauteur apparticn-
nent à la fois à l'espace et au champ visuel; quant
à la profondeur, elle n'est pas exprimée par ce

dernier : c'est (je l'ai déjà rappelé) le sens du
toucher qui seul la révèle par la conscience d'un
certain déplacement du point de contact. Ce qui
permet d'attribuer (utilement quoique indûment)
la profondeur au champ visuel, c'est une concomitance habituelle de la perception tactile de
profondeur avec une dégradation dans la vivacité
des couleurs.

La mémoire fournit un autre fond commun à
la connaissance objective : elle est affectée à la
conscience de la durée. Les événements se situent
dans le champ mnémonique comme des points
sur une ligne droite, grâce à la mystérieuse vertu
qu'elle a de permettre la représentation du passé
sur le plan du présent.

En résumé, l'espace et le temps, qui sont les
milieux où entrent en relation toutes les choses
qui tombent sous l'observation externe par leur
impression sur les sens, trouvent, avant même
que nulle impression de ce genre ait été opérée,
leurs représentations expressives respectivement
dans le champ visuel, dans le champ tactile et
dans le champ mnémonique, mais à l'état encore
inconscient. Elles demeurent dans cet état jusqu'à
ce que l'impression d'événements extérieurs au
moi en éveille la conscience par une sensation
particulière de la vue et du toucher et par le souvenir qu'ils laissent ; ce sont des formes de la

sensibilité qui s'offrent vides et ne deviennent conscientes qu'en se remplissant. Je ne recenserai pas toutes les formes de l'expérience, je citerai seulement un passage de la *Critique de la Raison pure* de Kant [1] où se trouve reconnue et énoncée à mon gré la distinction que je viens d'établir entre les idées et les moules qui en attendent les matériaux empiriques : «...... *les conditions formelles d'une expérience en général.* Mais cette expérience ou plutôt la *forme objective de cette expérience en général,* renferme toute la synthèse nécessaire pour la connaissance des objets. Un concept qui embrasse une synthèse *doit être tenu pour vide et ne se rapporte à aucun objet quand cette synthèse n'appartient pas à l'expérience,* soit comme tirée de l'expérience — et alors le concept prend le nom *d'empirique* — soit *comme condition à priori sur laquelle repose l'expérience en général (la forme de l'expérience)* — et alors c'est un concept pur mais *qui appartient à l'expérience, puisque l'objet n'en peut être trouvé que dans l'expérience...* »

J'ai signalé par l'emploi de caractères italiques les membres de phrase qui confirment ce que j'avance sur la correspondance innée entre le *moi* et le monde extérieur et révélée par l'organisation même du psychique humain qui est affecté à la

---

1. Traduite par A. Tremesaygues et B. Pacaud, 1905, p. 233.

formation des idées objectives. On voit que cette correspondance en est la condition essentielle, ce qu'il m'importait surtout d'établir. Elle se manifeste chez l'animal, à un rang inférieur, mais sans conteste, dans ce qu'on nomme les *instincts*. Il est dirigé par ces impulsions soit, pour se nourrir, vers certains produits de la terre assortis d'avance aux sens du goût et de l'odorat, soit, pour se reproduire; vers un autre animal de même espèce et de sexe différent.

Sous les réserves qui précèdent il est reconnu que le monde matériel extérieur au moi ne peut se révéler à l'esprit humain par les sens qu'au moyen d'impressions préalables sur les nerfs sensitifs. Dans ces derniers c'est le facteur matériel, intimement uni au facteur spirituel, qui reçoit les impressions. Les nerfs sont d'abord mécaniquement ébranlés par elles et leur ébranlement est seul dépositaire des caractères transmis par eux au facteur spirituel pour y être représentés expressivement. Remarquons que ces caractères sont non seulement matériels, mais encore psychiques : le moral d'autrui situé hors de nous est, en effet, exprimé, comme je l'ai précédemment signalé, par la physionomie dont l'organe est la matière du visage. Je ne m'occupe ici que des caractères matériels représentés par l'ébranlement nerveux dans le facteur psychique du nerf impressionné. Toutes

les sciences qui relèvent de l'observation externe
et qui ont pour objet le monde matériel extérieur
au *moi*, toutes ces sciences dites naturelles pro-
gressent en éliminant de plus en plus ce qu'il y a
de purement sensible, d'exclusivement propre au
moi, en un mot de *subjectif* dans les perceptions
qui sont leurs données empiriques.

Une sensation d'espèce quelconque est susceptible de se répéter et de s'ajouter à une ou plusieurs sensations de même espèce ou d'espèce
différente dans le champ de la mémoire ; en outre
plusieurs sensations visuelles peuvent s'associer
simultanément dans le champ visuel et plusieurs
sensations tactiles dans le champ tactile. De là
naissent dans le moi des rapports de succession
et de position qui sont des représentations expressives de rapports chroniques et spatiaux entre
choses extérieures au moi. Les premiers grou-
pent les sensations en perceptions complexes qui
représentent des synthèses extérieures au moi.
Or chacune de celles-ci est en réalité une composition de forces mécaniques et forme soit ce qu'on
appelle un *corps* dans l'espace, soit un processus
d'événements dans le temps, et toutes ces synthèses
communiquent entre elles mécaniquement, de
sorte que l'univers matériel constitue un seul système mécanique représenté dans l'esprit humain
par un système correspondant d'idées objectives.

Tel est du moins le but que rêvent d'atteindre les savants par la fusion progressive des sciences particulières en une seule ; idéal encore lointain mais dont ils se rapprochent lentement sans relâche.

IV

La conscience est seule apte à discerner ce qui distingue le *moi* du *non-moi*. Mais elle est impuissante à se prononcer sur la nature intime, sur l'être d'aucun des deux. D'abord par elle le sujet ne peut atteindre son propre être, autrement dit son *substratum* ; il n'en aperçoit que les modifications et n'en connaît l'existence que par celles-ci. En effet, s'il est vrai que l'idée est une représentation expressive de l'objet, pour que le sujet pût se former une idée de son substratum, de son propre être, il faudrait que cette idée exprimât ce dernier, c'est-à-dire qu'elle impliquât les caractères intrinsèques constitutifs de l'être, en un mot qu'elle s'identifiât à l'être, de sorte que, en réalité, le sujet contiendrait simultanément deux exemplaires de l'être, dont l'un serait lui-même en tant qu'objet exprimé et l'autre un nouveau lui-même en tant que représentation expressive du premier. Il s'ensuit que former l'idée de l'être ce serait le créer ; conséquence absurde, l'être ne

5.

se concevant qu'éternel, aussi incapable de sortir du néant que d'y retourner.

Si le *moi* ne peut pas connaître son être, son propre substratum, à plus forte raison ne peut-il connaître celui du non-moi.

V

Conclusion.

L'analyse précédente de la connaissance humaine m'a conduit à des résultats qui intéressent la question que je traite et que je vais consigner pour justifier mes assertions postulatives du chapitre précédent (v. chapitre IV *in fine*).

Je ne peux connaître un objet, m'en faire une idée qu'autant qu'il existe quelque chose de commun entre cet objet et ce qui est apte en moi à la conscience, et il faut d'abord qu'il communique avec cette part de moi affectée à prendre conscience, à sentir et à penser ; il faut qu'il la rencontre, en un mot qu'il l'impressionne. Si ce qui sent et pense en moi était exclusivement psychique, l'impression et, par suite, la connaissance des choses physiques me seraient impossibles. Aussi est-ce grâce à mes nerfs sensitifs, grâce à mon système cérébro-spinal, où le psychique et le physique s'identifient, que je puis connaître les trois dimensions et la pesanteur, par exemple. Ainsi je possède un organe d'expression qui me permet de me représenter les caractères des choses physiques, aussi bien que des choses psychiques, par ceux de mon propre substratum. Ces représentations expressives sont les idées ; elles sont spécialement des notions quand l'activité mentale n'y introduit rien qui ne corresponde intégralement et exactement à une donnée du monde existant, en un mot rien d'arbitraire.

Nous avons constaté que l'idée n'est pas capable de représenter l'être des choses, de leur support métaphysique, mais par cela même qu'elle se définit par la propriété de représenter expressivement les événements et leurs rapports, c'est-à-dire ce par quoi les principes actifs, quels qu'ils soient, se manifestent dans l'espace et dans la durée, il n'y a rien en elle qui ne participe de quelque réalité interne ou externe, soit intégralement et exactement, soit en partie et d'une manière approximative au moyen de l'abstraction et de l'imagination créatrice. C'est l'expérience qui fournit à l'imagination tous ses matériaux et tous les moyens termes des rapports que celle-ci crée entre eux.

Il résulte de l'analyse de l'idée que l'idée du libre arbitre implique, comme je l'ai supposé tout d'abord, le caractère qui le définit, ce qui légitime les déductions que j'ai tirées de cette supposition en faveur de la réalité du libre arbitre.

Ai-je prouvé le libre arbitre ? Je n'ose le croire. Je n'aperçois pas, à vrai dire, le vice de ma démonstration, mais je préfère accuser de cet aveuglement un manque de sagacité chez moi plutôt que de pécher par une fallacieuse présomption. J'espère du moins avoir attaqué le problème d'une façon qui, mieux exploitée, pourrait en avancer la solution. Je commence, en effet, par mettre la métaphysique hors de cause en prévenant et écartant la difficulté que suscite tout d'abord à l'intelligence humaine le caractère métaphysique de l'activité libre. La question est ainsi cantonnée dans le domaine de l'expérience et ramenée sur le même plan que toutes celles qui relèvent de la science positive. Cela fait, je me borne à considérer le processus universel des événements et parmi ceux-ci l'idée du libre arbitre. Il m'apparaît alors que cette idée, par cela même qu'elle existe, est objective, ne peut pas ne pas être vraie, et pour le reconnaître je fais de ma raison le même usage que font de la leur les savants pour mettre en évidence n'importe quelle vérité d'ordre purement expérimental.

DÉFINITIONS FONDAMENTALES

VOCABULAIRE LOGIQUEMENT ORDONNÉ
DES IDÉES LES PLUS GÉNÉRALES ET DES IDÉES
LES PLUS ABSTRAITES

Avant-Propos.

Curieux de philosophie, j'ai pratiqué divers ouvrages qui font autorité dans ce genre de recherches. J'ai fini par m'en assimiler le langage et même, en quelques timides essais, je l'ai employé pour mon propre compte. Je m'exposais à me méprendre sur le sens que les spécialistes attachent à certains mots abstraits ou généraux ; je m'y exposais d'autant plus qu'ils ne me paraissaient pas tous attribuer la même signification à chacun de ces mots. Le souci m'est venu de savoir avec précision ce que je dis quand j'en use. De ce scrupule sont nées les présentes pages, recueil très sommaire de définitions qui répondent, chez moi, à un besoin que peut-être ne suis-je pas seul à connaître.

L'ordre de ces définitions pourra n'être pas sensible tout de suite à qui feuillettera seulement cet opuscule ; telle d'entre elles paraîtra d'abord ne pas être à sa place ; il semblera qu'elle aurait dû suivre immédiatement telle autre dont elle est séparée. C'est qu'entre l'une et l'autre s'insinuent des idées intermédiaires qu'on n'aperçoit pas à première vue. La *substance*, par exemple, se range à la fin du vocabulaire, tandis que l'*être* y figure au début ; mais le lecteur assez patient pour ne rien passer reconnaîtra que je ne pouvais expliquer l'adoption du mot *substance* avant d'avoir précisé le sens de plusieurs autres termes abstraits. Je l'avertis en outre que les définitions ne constituent pas une seule chaîne sans solution de continuité : elles se divisent en groupes indépendants ; il suffit que dans aucun ne se glisse un terme abstrait ou général dont le sens n'ait été fixé antérieurement ; dans chacun elles sont scrupuleusement rangées par ordre de complexité croissante.

Aperçu préliminaire sur la définition.

La première condition requise pour que les hommes communiquent utilement entre eux, c'est qu'ils s'entendent sur l'objet même de leur entretien ; or ils ne peuvent s'entendre sans indication préalable de cet objet.

Indiquer, dans le monde extérieur, une chose qui tombe sous les sens, c'est, par un moyen quelconque, amener autrui à en recevoir sur ses

nerfs sensitifs la même impression distinctive que
soi-même on en reçoit sur les siens.

Indiquer une chose du monde intérieur, laquelle
n'impressionne pas les sens, mais est immédiatement accessible à la conscience, c'est, par l'intermédiaire d'une chose qui tombe sous les sens,
choisie dans le monde extérieur pour son analogie plus ou moins prochaine avec la première,
amener autrui à prendre conscience de celle-ci.
Les noms donnés aux fonctions et aux états psychiques dans les langues humaines mettent en
évidence qu'il y a eu, pour les imposer à ces
choses, concert des consciences individuelles par
ce procédé, et, par suite, qu'une telle analogie
existe, si subtile qu'elle puisse souvent nous paraître[1].

Au moyen de l'indication une chose d'ordre
physique est discernée de toutes les autres, mais
elle n'en est discernée que par ses caractères ex-
trinsèques, c'est-à-dire, non point par le concept
de ce qu'elle est, mais par la perception de ses
effets sur les sens des individus qui se l'indiquent.
Or on conçoit un discernement plus intime ; on
conçoit qu'une chose puisse être distinguée de
toutes les autres par ce qui la constitue ou, plus

---

1. Voir le tableau que j'ai dressé dans mon livre : *L'Expression
dans les Beaux-Arts*, p. 82 (chez Lemerre, 1883).

exactement, par ceux de ses facteurs constitutifs
qui lui sont exclusivement propres.

Ce second mode de discernement satisfait l'esprit beaucoup plus que le premier, car l'esprit ne
borne pas son ambition à connaître d'une chose
uniquement ce qu'il faut pour la distinguer de
toutes les autres ; il aspire à en approfondir indéfiniment l'essence, de sorte qu'aucun des facteurs
de celle-ci, commun avec d'autres essences ou
distinct de toutes, ne lui échappe. Au terme de
ses recherches sur la chose étudiée il serait donc
en mesure d'en recenser tous les facteurs intrinsèques et à donner alors une définition non pas
seulement *indicative*, mais *intégrale*. En réalité,
une pareille tâche est inabordable. Connaître une
chose intégralement, en posséder *l'idée adéquate*,
ce serait la concevoir par les idées successivement
acquises de tous les produits antérieurs, tant de
différenciation que de synthèse, qui l'ont progressivement déterminée. Ce serait, en outre,
concevoir la donnée initiale de ce double processus. Ces deux concepts en fourniraient la définition complète. A coup sûr, le cerveau humain
n'est pas adapté à les former : le premier suppose
des moyens d'investigation plus puissants, des
sens plus nombreux sans doute, en tous cas plus
subtils que les nôtres, et le second suppose un
mode intuitif de connaissance qui nous est refusé

et même est absolument impossible, comme je crois l'avoir démontré ailleurs[1]. Nous en sommes donc réduits à nous contenter d'une incomplète définition de chose, de la définition telle que l'a limitée Aristote, c'est-à-dire par le genre prochain et 1. différence. Or, le genre prochain, c'est de tous les produits successifs de la différenciation et de la synthèse dans l'Univers celui où la chose à définir fait tous ses emprunts, c'est-à-dire celui dont elle reçoit tous les caractères qui lui sont communs avec les choses déjà déterminées, de sorte que, pour être elle-même entièrement déterminée, il suffit qu'en elle s'ajoutent à ces caractères-là ceux qu'elle ne partage avec nulle autre chose, ceux qui la différencient de toutes les autres.

La définition aristotélicienne détermine donc exactement la chose, mais ne la fait pas entièrement connaître. A cet égard elle s'en tient donc à être indicative.

Ce mode restreint de définition a été adopté avec avantage par la science positive, car celle-ci n'a pas besoin d'un mode plus approfondi pour formuler chacun de ses progrès dans la connaissance des choses qu'elle étudie. Après avoir défini une première donnée de l'expérience au moyen

1. Voir *Que sais-je ?* p. 48 (chez Lemerre, 1896).

du genre reconnu le plus proche qui l'implique,
elle entreprend la définition de ce genre à son
tour par le même procédé, au moyen du genre
le plus proche où il est impliqué, et ainsi de suite
jusqu'à l'essence la plus générale qu'elle puisse
atteindre par l'analyse. Arrivée à ce terme, la
science n'a qu'à faire la somme des définitions
partielles successives pour approcher, autant qu'il
lui est permis, de la définition intégrale de sa
donnée initiale. En résumé, la définition aristotélicienne suffit à procurer la définition la plus
complète possible d'une donnée particulière scientifiquement analysée.

~ Toutes les observations précédentes concernent
les définitions de choses ; les suivantes auront
trait aux définitions de mots et à leurs rapports
avec les premières. Définir un mot c'est déclarer
la signification qu'on lui assigne.

Dans l'exposé d'une science abstraite, dans un
traité de géométrie, par exemple, l'auteur doit au
lecteur de définir successivement, avant de les
employer, tous les mots du vocabulaire de cette
science. Il n'en est pas de même dans un ouvrage
qui n'est pas une construction systématique
d'idées abstraites, mais, au contraire, une étude sur
des données concrètes qu'il s'agit d'analyser pour
en connaître la composition ; l'analyse fournit peu
à peu les éléments d'une synthèse progressive re-

constituant tour à tour chacune de ces données concrètes préalablement énoncées. Dans ce cas l'auteur a le droit de supposer chez le lecteur une première notion rudimentaire des choses non encore définies et de les nommer d'ores et déjà dans la définition de la chose qu'il considère. Exiger qu'il commençât par les lui définir et ne les lui nommât qu'après, ce serait méconnaître la fonction de la science. Le langage, en effet, s'est formé, dès la plus haute antiquité, par des impositions spontanées de noms à des choses qui ne pouvaient être encore définies faute de science, mais qui étaient susceptibles d'être *indiquées* ; l'un des principaux services que rende la science à l'homme est de lui permettre de substituer autant que possible la définition à la simple indication. En cela elle perfectionne le langage en précisant le sens des mots ; c'est ainsi que Condillac a pu dire que la science est une langue bien faite.

L'indication rend possible à autrui de distinguer de toutes les autres choses celle dont on lui parle ; cela suffit en attendant qu'on en ait déterminé la nature intrinsèque.

Néanmoins, quand il s'agit (comme en mathématiques ou en philosophie) d'une chose constituée par des éléments qui existent objectivement, mais sont choisis et synthétisés par l'esprit, de sorte que cette chose n'existe que subjectivement, à l'état de concept, ce produit d'une fonction mentale, de l'abstraction, en un mot, est impossible à indiquer ni directement ni indirectement. Il devient alors nécessaire de le définir avant de le nommer, afin de conjurer tout malentendu, car il risque de n'être pas le même chez les divers penseurs, surtout chez les philosophes, bien que placé sous le même nom. Dans ce cas la définition supplée l'indication et par là toute équivoque est prévenue.

Si donc une idée est présentée par son auteur comme une construction arbitraire de son esprit, dont les matériaux ont été empruntés au monde objectif, mais qui n'a pas son correspondant objectif, comme, par exemple, une exacte figure géométrique, l'indication de l'objet de cette idée n'est pas en cause. Mais trop souvent, quand il s'agit d'une chose, comme le temps, par exemple, existant objectivement dont le nom est en usage sans qu'elle ait été définie, un penseur en conçoit une idée qu'il présente comme en étant la définition, bien que rien en réalité n'y corresponde. Le nom trompe alors sur la chose par un abus de l'indication tacite. C'est le cas visé par Pascal dans ses admirables réflexions sur la distinction à établir entre les définitions de mots et les définitions de choses. Il permet d'imposer le mot *temps* à n'importe quoi, à la condition de ne pas identifier la définition de ce mot et celle de la chose appelée *temps* par le commun des hommes. Mais, si on les identifie, il réclame le droit d'examiner s'il n'y a pas abus d'indication, si l'objet du concept présenté comme une définition de chose existe réellement et s'identifie en effet avec cette chose que tout le monde connaît sans éprouver le besoin d'en demander ni chercher la définition.

Je me suis proposé, dans ce travail, de prévenir tout malentendu sur le sens de certains mots usités dans la science et dans la philosophie. Les penseurs sont tous intéressés à ce que l'accord se fasse entre eux sur la signification de ces mots, car c'est une condition de première importance pour que, dans la recherche de la vérité, leurs efforts communs ne soient pas stérilisés par la confusion des langages et puissent s'ajouter pour le progrès des connaissances.

Les choses placées sous ces mots sont abstraites de la réalité et, en tant qu'abstraites, impossibles à indiquer. Je ne pouvais donc arriver à mon but qu'en les définissant. Reste à savoir si mes définitions ne sont pas, en réalité, de pures définitions de mots, si les objets qu'elles présentent à l'esprit sont bien identiques à ceux que je vise et qu'il s'agit de définir, si les définitions de mots coïncident avec ces définitions de choses. A vrai

dire, je serais présomptueux si je m'en faisais
juge moi-même. Il appartient au lecteur seul d'en
décider. Tout ce que je puis dire pour m'acquérir
sa confiance et me rassurer par son adhésion,
c'est que les choses en question se prêtent à l'a-
nalyse, que leurs essences respectives ne compor-
tent qu'un très petit nombre d'éléments et que je
me suis appliqué avec toute mon attention à les
dégager tous ; or les éléments ultimes d'une chose
sont les matériaux mêmes de sa définition.

Il m'arrivera d'user, comme je viens de le faire
dans cet aperçu même, de mots que je ne définirai
pas ou que je ne définirai qu'ultérieurement, mais
ce seront des mots qui, appliqués à la matière que
je traiterai, ne pourront prêter à aucune équivoque et seront clairement compris par les lec-
teurs à qui s'adresse cet opuscule.

1. ÊTRE. — Le verbe *être* comporte plusieurs acceptions. Tantôt on l'emploie pour lier l'attribut au sujet, comme dans la phrase suivante : *L'homme est mortel* ; tantôt il affecte une signification tout autre, à savoir quand on le prend substantivement à l'infinitif comme dans cette phrase : *L'être de l'Univers en implique l'évolution,* ou à l'indicatif comme dans cette parole attribuée par la Bible à Jéhovah : « Je suis celui qui *suis* », dans laquelle il affecte, au début, le premier des deux sens que je définis, et, à la fin, le second.

2. NÉANT. — Un mot sur le sens duquel l'accord est infaillible, c'est assurément le mot *néant* (ou n'importe lequel de ses synonymes : *rien, nul, pas* ou *point, à défaut* ou *faute de, manque de, absence de,* etc.). La signification de ce mot, par cela même qu'elle est négative, présuppose l'idée de ce qui est nié, mais, quoi que ce puisse être, cette signification demeure dans tous les cas la même ; elle ne saurait donc prêter à aucune équivoque. Pour définir ce mot l'on est, d'une part, dispensé (car c'est évidemment impossible ici) de définir par genre prochain et différence ce qu'il

s'agit de nommer, dispense qui exclut à cet égard
tout risque d'insuffisante précision et de malentendu ; d'autre part, ne pouvant pas d'avantage
l'indiquer par voie immédiate et directe (comment montrer rien ?) on y supplée infailliblement
en en suggérant le concept par un geste expressif
ou par un acte effectif d'élimination. Par exemple, biffer d'un trait ou effacer d'un coup d'éponge
une figure tracée à la craie sur un tableau noir,
c'est la supprimer, *l'annuler* de fait ou d'intention
évidente, et par cela même susciter sûrement le
concept du *néant* de figure.

Le mot *néant* est un substantif : on dit *un néant*
de telle chose, on dit aussi, sans application déterminée, *le néant,* opposé au substantif *l'être.*
Ces expressions sont, au fond, incorrectes ; j'en
signalerai plus loin le vice.

3. EXISTER. EXISTENCE. — Il me reste à définir
une troisième acception du mot *être,* laquelle a
pour synonyme le mot *exister, existence.* Ce mot
n'a pas aussi certainement que *néant* la même signification pour tout le monde, du moins pour
tous les philosophes.

Dans n'importe quel cas où n'est pas applicable
le mot *néant,* pour peu qu'il ait cessé de l'être ou
ne le soit pas encore, je dis qu'il y a *existence.*

Ainsi j'appelle *exister* n'être pas rien, être quoi

que ce soit, à titre quelconque, abstrait aussi bien que concret, général aussi bien que particulier, transitoire aussi bien que définitif et permanent dans n'importe quel ordre (physique, psychique ou autre).

4. Chose. — Dans la conversation courante on oppose le mot *chose* au mot *être* ; les êtres sont animés tandis que les choses ne le sont pas. Dans le langage des philosophes le mot *chose* est parfois opposé au mot *représentation*[1]. Pour éviter toute confusion, je prends le mot *chose* dans son acception la plus générale.

J'appelle *chose* n'importe quoi qui existe.

Le mot *néant* étant synonyme d'absence d'existence et, par conséquent, d'absence de chose, le néant n'est pas, à proprement parler, une chose. On est entraîné cependant, par l'habitude de placer une chose sous chaque mot, à parler du néant comme s'il en était une. Moi-même plus haut je l'ai fait malgré moi en adjoignant à ce vocable l'article *du* ou en lui substituant les pronoms *il, le* ; mais je n'en suis pas dupe. Dans les spéculations philosophiques on ne se met pas toujours en garde contre cet abus ; pour en constater

---

1. « Quand le réalisme parle de *choses* et l'idéalisme de *représentations...* » (Bergson, *Revue de métaphysique et de morale*, novembre 1904, p. 897).

les étranges conséquences il suffit de lire le dialogue *Le Sophiste* de Platon, où les interlocuteurs y tombent à leur insu.

5. RÉALITÉ. — IDÉAL. — Tout ce qui existe est réel ; c'est une *réalité* par cela même que c'est une chose (*res*). On dit néanmoins qu'une chose n'est pas réelle, qu'elle est *fictive, imaginaire, illusoire, chimérique*, quand cette chose n'existe qu'à titre d'idée, chose purement mentale donnée à tort comme représentative d'une autre qui en serait l'objet. Cette manière de parler est, au fond, inexacte : toute pensée est une réalité en tant que pensée. Elle est même réelle par excellence, vraie ou fausse (Je pense, donc je suis).

Ma définition du mot *existence*, rapprochée de celle que je donne ici du mot *réalité* conformément à l'étymologie de ce dernier, est incompatible avec la locution courante d'*idéal réalisé* ; car selon cette définition du mot *existence*, un idéal, en tant qu'il n'est pas rien, existe et à ce titre est une *réalité*, tandis que, d'après la locution susdite, il n'est pas rien avant même d'être *réalisé*. Si l'*idéal* est une pure abstraction, la difficulté est levée à la condition de substituer au mot *réalisé* le mot *concrétisé*. Mais n'est-il qu'une abstraction? La question est controversée.

6. Détermination. — Le mot *déterminer* reçoit couramment deux acceptions : il signifie ou bien *amener une chose à l'existence* (la produire, la faire naître), ou bien la *délimiter* (la préciser, l'indiquer nettement). Le sens général de la phrase révèle celle des deux qui convient. Remarquons que la première implique la seconde, car une chose se précise à mesure qu'elle se produit.

7. Facteur. — **Fonction.** — Une chose est *facteur* d'une autre quand la première concourt d'une manière quelconque à la détermination de la seconde, le mot *déterminer* étant pris dans l'une ou l'autre de ses deux acceptions. La seconde chose est dite *fonction* de la première.

8. Condition. — Une chose sans le concours de laquelle il est impossible qu'une autre existe ou existe telle qu'elle est se nomme une condition de celle-ci.

Une condition est donc un facteur en tant qu'elle détermine ou contribue à déterminer une autre chose. Il s'ensuit que le mot *condition*, comme le mot *déterminer* comporte une double signification. D'une part on dit qu'une chose quelconque A est *conditionnée* par une autre C, que C est *condition* de A, quand A n'existerait pas, ou n'existerait pas telle qu'elle est, si C n'existait pas, sans

6.

entendre par là que C ait amené A à l'existence,
en ait déterminé l'existence ou la manière d'être.
La détermination de A par C est dans ce cas permanente, elle n'implique nul commencement
d'existence ou de manière d'être pour A. On dit,
d'autre part, que C est condition de A quand C
détermine ou contribue à déterminer l'existence
ou seulement la manière d'être de A. Il importe
de ne pas confondre ces deux acceptions du mot
conditionner.

9. DÉPENDANCE. — Dans l'un ou l'autre cas
visés par le mot *conditionner*, on dit que la chose A
dépend de la chose C.

10. MILIEU. — J'entends par le *milieu* où existe
une chose les autres choses qui la conditionnent
soit immédiatement (c'est-à-dire chacune par elle-
même), soit indirectement (c'est-à-dire chacune
par quelque autre), mais dans un champ de communication circonscrit, borné par la portée de
l'expérience et de la pensée humaines, sinon par
les choses mêmes.

11. DISTINCTION. — ANALYSE. — Dès que la
conscience est suffisamment impressionnée, le
produit psychique, soit A, sensitif ou passionnel,
de l'impression éveille l'activité mentale, la pen-

sée, qui aussitôt s'y applique. Elle concentre son attention sur A et par cela même le rend *distinct* de ce qui n'est pas lui. Si quelque facteur de A appelle son attention plus vivement que le reste, elle *distingue* ce facteur parmi ceux qui contribuent à constituer A ; ce travail de distinction peut être poussé plus ou moins loin, et prend le nom d'analyse quand la pensée se propose d'inventorier autant que possible le contenu de A.

12. DIFFÉRENCE. — Il peut n'y avoir aucune différence entre deux choses distinctes, si elles ne se distinguent entre elles que par leurs existences respectives. Il s'ensuit que le sens du mot *distinction* est plus large que celui du mot *différence*. Deux choses sont différentes quand ce n'est pas uniquement par leurs existences respectives qu'elles se distinguent.

13. DÉRIVÉS DE LA DIFFÉRENCE : CHANGEMENT. — ÉVÉNEMENT. — MODIFICATION. — VARIATION. — DIVERSITÉ. — Les vocables *changement, événement, phénomène, modification, variation, diversité*, impliquent tous dans leurs significations respectives celle du vocable *différence*. Quand ils n'en sont pas de purs synonymes, ils expriment seulement des sortes de différences, et ils ne prêtent pas davantage au malentendu dans la conver-

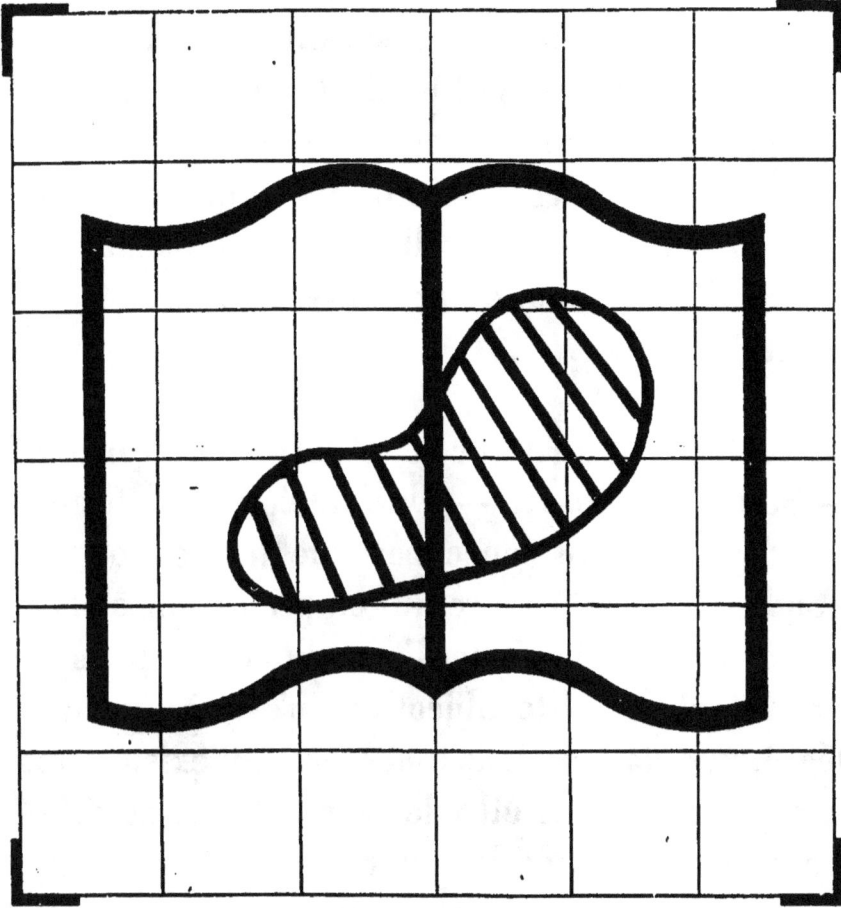

sation ordinaire. Toutefois, dans un ouvrage qui s'adresse spécialement aux savants et aux philosophes, il n'est pas inutile de les définir autant que possible, comme nous le ferons plus loin, par la définition des choses qu'ils signifient ; l'indication spontanée de celles-ci ne satisfait pas toujours à la rigueur d'une analyse qui les dégage scientifiquement.

14. LE SUBJECTIF ET L'OBJECTIF. — NOTION. — SUJET. — OBJET. — Une différence déterminée dans la conscience par une impression du monde extérieur à l'être qui en prend conscience est, à ce titre, le signe d'une différence dans ce monde, et est dite objective ; c'est, à quelque degré, une *notion*. Une différence qui existe dans la conscience sans être le signe d'aucune différence dans le monde extérieur à l'être qui en prend conscience est dite purement *subjective*. Au point de vue de la conscience l'être qui sent ou connaît est opposé sous le nom de *sujet* à ce qui est senti ou connu et qu'on nomme *l'objet*.

15. LE SIMPLE. — J'entends par une chose *simple*, une chose qui ne comporte en soi aucune différence.

16. DUALITÉ. — PLURALITÉ. — L'UNITÉ ARITHMÉ-

TIQUE. — L'idée abstraite d'existence laisse entièrement indéterminée l'idée de ce qui existe ;
celle-ci ne sort de l'indétermination complète
qu'autant que l'esprit aperçoit une distinction
quelconque, si minime soit-elle. On dit alors
qu'il y a *dualité* de choses, et, par suite, au moins
deux existences ; c'est-à-dire *pluralité* au moindre
degré.

En même temps et par cela même qu'elle détermine la pluralité, la distinction détermine l'unité
qui en est la donnée constitutive. Il s'agit ici de
l'*unité existence* : c'est l'existence distinguée, quelle
que soit la chose existante considérée. La chose ne
saurait avoir plusieurs existences distinctes et simul-
tanées, elle n'en peut avoir plusieurs que successivement, que si elle cesse, puis recommence d'exister ;
aussi l'unité est-elle ici indivisible, simple. C'est
l'*unité* purement *arithmétique*, facteur initial et
fondamental du nombre. J'aurai plus loin à définir l'*unité synthétique*, dont le nombre est un
exemple.

17. IDENTITÉ. — LE MÊME. — AUTRE. —
Deux choses sont dites *identiques* lorsque leur
distinction, leur pluralité sont seulement appa-
rentes. Cette apparence naît dans l'esprit quand
il forme successivement deux perceptions d'une
seule chose. Il prête alors un objet distinct à

chacune de ses perceptions et quand il a reconnu non distincts les deux objets présumés distincts, on dit qu'il les *identifie*.

On dit de deux choses identiques qu'elles sont la *même* chose.

Lorsque deux choses A et B ne peuvent pas être identifiées on dit que A est une *autre* chose que B, B une *autre* chose que A.

18. Chose composée. — En, dans au sens ontologique du mot. — Éléments. — Intrinsèque, extrinsèque ; interne, externe ; intérieur, extérieur. — Par cela même qu'une chose n'est pas simple elle présente une ou plusieurs différences qui la font appeler *composée* : c'est un composé. Deux ou plusieurs choses sont distinguées par ces différences et sont dites *en* ou *dans* la première à titre d'*éléments*, c'est-à-dire de facteurs *intrinsèques, internes* ou *intérieurs* qui la composent.

Une chose qui n'existe pas dans une autre est dite lui être *extrinsèque, externe* ou *extérieure*.

19. Chose impliquée dans une autre. — Virtualité. — Puissance. — Je dis qu'une chose A est *impliquée* dans une autre chose B, que B *implique* A, lorsque A existe réalisée dans B, ou bien lorsque dans B existe de quoi réaliser A, sans

que pourtant, faute de l'accomplissement de quelque condition, A y soit déterminée.

Dans ce dernier cas je dis que A existe en B *virtuellement* ou *en puissance*.

20. SENS LARGE DU MOT SIMPLE. — L'unité arithmétique est une chose simple, le point géométrique également, parce qu'on ne peut concevoir ni dans l'une ni dans l'autre de ces deux choses aucune distinction possible. Mais ce que les chimistes appellent *un corps simple,* cette chose que jusqu'à présent ils n'ont pu décomposer, n'est simple qu'à leur point de vue. Lors même, en effet, qu'il y eût un corps qui, en réalité, n'en impliquât aucun autre, on concevrait néanmoins qu'il manifestât plus d'une propriété, et à ce titre il ne serait pas une chose simple au sens étroit et précis du mot.

21. PARTIE. — PARTIE INTÉGRANTE. — PARTIE D'UNE GRANDEUR. — Les éléments d'une chose composée sont dits *en faire partie.* Par exemple : l'oxygène et l'hydrogène, en tant que facteurs intrinsèques de l'eau, en font partie ; de même la longueur, la largeur et la hauteur, en tant que facteurs intrinsèques du volume, en font partie ; le point même, qui n'a pas de dimensions, en fait partie comme y étant impliqué.

Ce qui fait partie d'un composé en est dit *partie intégrante*. Considérée dans une quantité, dans une grandeur, une *partie* de celle-ci se dit de ce qui n'en diffère que comme un contenu d'un contenant.

22. UN TOUT. — LE PLURIEL : TOUS. — TOUT (QUELCONQUE). — A l'égard de ses parties (dans quelque acception que ce mot soit pris), une chose composée est dite *un tout*.

Le mot *tout* pris adjectivement au singulier et au pluriel (*tous*) peut être employé pour synonyme de *somme,* de *total* ou *totalité* pour signifier une pluralité dont rien n'est excepté de ce qui la constitue ; on dit, par exemple : tous les hommes, toute l'humanité.

Pris substantivement le mot *tout* signifie un composé (*un tout*).

Le mot *tout* signifie en outre *quelconque* (tout corps gravite, tout homme meurt). Ce sens est encore collectif, du moins implicitement, car il suppose considéré n'importe quel facteur d'un groupe préalablement nommé.

23. L'UNIVERS. — Ne nier ni n'éliminer l'existence d'aucune chose dans le présent, le passé et l'avenir, en un mot *ne rien excepter* de ce qui existe, a existé et existera, c'est considérer l'exis-

tence de toutes les choses, *de tout absolument,*
de ce qu'on nomme, en un mot, *l'Univers.* Considérer le tout ainsi défini ce n'est donc pas être
tenu de *former simultanément* les idées respectives
de toutes les choses, c'est, au contraire, en s'im-
posant de n'en exclure, quelles qu'elles puissent
être, aucune, se dispenser de les concevoir indi-
viduellement.

24. Totalité et infinité. — On peut dès lors
appliquer le mot *tout* même à l'infinité, même à
cette pluralité de choses dont la somme est impossible à effectuer par addition progressive, car en
concevoir la totalité, c'est, non pas se les représenter toutes à la fois, mais simplement s'interdire l'exception de n'importe laquelle. Le total
numérique, la somme arithmétique d'une telle
pluralité implique seule contradiction, parce qu'on
suppose additionné ce qui, par définition même,
exclut l'achèvement de l'addition.

**25. La qualité ; caractère, propriété. —
Caractère particulier, propriété particulière.**
— Deux choses supposées simples, dans le sens
étroit du mot, n'impliquent respectivement aucune
différence, mais on conçoit qu'elles puissent différer entre elles. Ce en quoi elles peuvent différer,
c'est ce que j'appelle *la qualité* de chacune. Je

crois que cette définition répond exactement à ce
qu'on place communément sous ce vocable. Un
composé implique plusieurs simples dont les
qualités respectives combinées déterminent ses
qualités propres.

Une qualité, en tant qu'elle concourt avec
d'autres à déterminer une chose, contribue à la
distinguer d'une ou de certaines autres, ou de
toutes les autres, en un mot à la *caractériser* ;
elle est dite alors *un caractère* de cette chose.

En tant qu'un caractère d'une chose ne lui est
commun avec nulle autre, en tant qu'il l'a dis-
tingué, non pas seulement de certaines autres,
mais bien de toutes les autres, il lui est *propre*,
au sens exact et strict de ce mot. Mais les savants
et les philosophes l'emploient fréquemment dans
un sens plus large, car ils parlent de *propriétés*
communes à plusieurs choses ; la pesanteur, par
exemple, est, dans leur langage, une *propriété*
commune à tous les corps. Pour ne pas choquer
un usage aussi général et aussi invétéré, je consi-
dérerai donc le vocable *propriété* comme synonyme du vocable *caractère* et j'appellerai *caractère*
particulier ou *propriété particulière* d'une chose
ce qui en elle ne lui est commun avec nulle autre,
ce qui la distingue de toutes les autres.

26. Nature ou essence d'une chose. — Nature

INTÉGRALE OU ESSENCE INTÉGRALE. — L'ensemble des qualités impliquées dans une chose en représente *la nature* ou *l'essence*.

J'entends par *la nature intégrale* ou *l'essence intégrale* d'une chose tout ce qui la constitue, c'est-à-dire tout ce qui contribue en elle à ce qu'elle soit ce qu'elle est, par conséquent non seulement ce qui n'existe qu'en elle, mais encore ce qu'elle peut avoir de commun avec d'autres choses, en un mot tout ce qui la distingue du néant.

27. ÉGALITÉ. — Deux choses sont dites *égales*, quand leurs deux essences intégrales respectives ne diffèrent en rien. Elles sont donc représentées par la même idée formée dans un esprit supposé apte à les concevoir intégralement. Or l'esprit humain n'est capable de former l'idée de l'essence intégrale d'aucune chose. Il ne peut donc affirmer l'égalité que des choses abstraites, des nombres ou des figures géométriques, par exemple, qu'il conçoit entièrement. Pour les choses concrètes, dont il ne peut donner que des définitions indicatives, il ne peut non plus se prononcer que sur leur égalité en tant qu'elle résulte de l'identité de ces définitions incomplètes (aristotéliciennes).

28. ÉQUIVALENCE. — Je dis que deux choses

sont *équivalentes* lorsque, bien qu'inégales, elles
peuvent être substituées l'une à l'autre dans leurs
milieux respectifs sans que rien de tout le reste
dans ceux-ci soit changé par cette substitution.

29. ESSENCE PARTICULIÈRE. CLASSIFICATION. ES-
SENCE TAXINOMIQUE. ESSENCE SPÉCIFIQUE. L'ESPÈCE
ET LA VARIÉTÉ. — J'entends, par l'*essence particulière* d'une chose, ses caractères particuliers ou
ses propriétés particulières.

On conçoit qu'une chose ait un certain nombre de
caractères communs avec plusieurs autres choses,
un moindre nombre de caractères communs avec
un plus grand nombre d'autres, et ainsi de suite, de
manière à appartenir successivement à des groupes
de choses de plus en plus compréhensifs. C'est ce
concept qui préside à la classification en histoire
naturelle. La classification confère ainsi autant de
noms à la chose considérée qu'elle en donne respectivement aux groupes auxquels elle appartient.
Les différents groupes de caractères d'une chose
qui servent à la classer et, par conséquent, ne lui
sont pas particuliers, représentent ce que j'appelle
son *essence taxinomique*. Si l'on ne considère que
le groupe des choses avec lesquelles elle a le plus
de caractères communs, dont elle diffère le moins,
c'est-à-dire seulement par ses caractères particuliers, j'appelle son *essence spécifique,* tous ces ca-

ractères, excepté ces derniers en d'autres termes :
son essence intégrale, moins ses caractères particuliers. Par exemple, l'essence spécifique de tel
morceau de soufre est l'ensemble des caractères
qui appartiennent à n'importe quel autre morceau
de soufre. L'essence particulière de tel morceau
de soufre consiste dans son poids, sa figure ou
tout autre caractère qui a pu être déterminé en
lui par des circonstances indifférentes à son essence
spécifique.

Deux choses chez lesquelles tous les caractères
taxinomiques sont les mêmes, qui, en d'autres
termes, ne diffèrent que par leurs essences particulières, sont dites de *même espèce*.

Une espèce est donc, dans la pensée, le concept
d'une collectivité de choses chez lesquelles tous
les caractères taxinomiques sont les mêmes et qui
ne diffèrent entre elles que par leurs caractères
particuliers respectifs.

Lorsque, dans une espèce déterminée, certain
des caractères particuliers d'une chose qui s'y
classe lui devient commun avec d'autres choses
de cette espèce, ces dernières forment avec la
première *une variété*, c'est-à-dire, en réalité, une
espèce nouvelle (stable ou instable).

3o. CARACTÈRES ACCIDENTELS. — Les caractères
particuliers sont *accidentels* en ce sens que la

chose peut les perdre sans perdre son essence spécifique, dont elle tient son nom.

31. Commun. — Le mot *commun* peut prêter à une équivoque. Il importe de la signaler et de la prévenir parce qu'elle expose à tirer de prémisses qui impliquent ce mot des conséquences viciées par un malentendu. Dire que deux choses A et B ont quelque chose de commun signifie, d'une part, qu'elles sont différenciées dans une troisième dont elles participent l'une et l'autre et qui les met par là *en communication* : par exemple, la terre et la lune ont de commun l'étendue, l'espace où elles diffèrent de volume, de position, de vitesse et qui leur permet de communiquer, comme en témoignent les ondes lumineuses. Ces astres ont encore de commun la gravitation qui les fait, comme l'espace, communiquer entre eux. D'autre part, dire que deux choses ont quelque chose de commun, c'est dire qu'un certain caractère reconnu chez l'une se trouve également chez l'autre, sans qu'on en doive inférer que ce caractère les fasse communiquer entre elles. Par exemple on conçoit qu'il puisse n'exister aucune communication entre deux choses A et B, que ce caractère puisse leur être commun sans les faire communiquer entre elles, car il n'est pas *a priori* impossible qu'il existe dans l'infini de l'espace deux centres d'influence de même espèce autre que la pesanteur dont l'un s'exerce sur A et l'autre sur B, sans que A et B communiquent entre elles par cette influence, qui accuse cependant un caractère leur appartenant à toutes les deux.

Un caractère commun à deux choses, dans cette seconde acception du qualificatif, ne leur est commun qu'à titre d'idée impliquée à la fois dans l'idée qu'on se forme de l'essence de l'une et dans l'idée qu'on se forme de l'essence de l'autre, tandis que dans la première acception du qualificatif, le caractère commun de deux choses n'est pas une généralisation mentale, mais bien une chose concrète dont chacune d'elles participe, et qui par suite les fait communiquer entre elles dans le monde objectif à titre de milieu.

Quand le sens général de la phrase n'indique pas suffisamment l'acception dans laquelle est pris le mot *commun,* il importe donc de l'indiquer expressément.

32. ÉTAT. — J'entends par *l'état* d'une chose, à un moment donné, ses caractères accidentels à ce moment-là.

Je dis *ses caractères accidentels*, parce que, si ses caractères spécifiques cessaient de demeurer les mêmes, elle cesserait d'exister sous sa déno-

mination ; une *autre* chose s'y serait substituée,
et il n'y aurait pas état de la première.

Par exemple : l'eau affecte trois états différents
sans perdre les caractères spécifiques d'une combinaison d'hydrogène et d'oxygène. Elle existe à
l'état liquide, à l'état de vapeur et à l'état de glace.
Ces trois états ne sont chez elle qu'accidentels.

33. RAPPORT. RELATION. — Dans le langage
courant on dit de deux choses qui n'ont rien de
commun qu'elles n'ont pas de *rapport*, et de deux
choses qui sont mises en communication par
une troisième qu'elles sont mises en *relation* ou
en *rapport*. Cette troisième chose ne les ferait pas
communiquer s'il n'y avait rien d'elle qui leur
fût commun. On dit encore qu'il y a relation ou
rapport entre deux choses qui, sans communiquer
entre elles, ont néanmoins quelque chose de commun, un caractère quelconque. Il y a donc *relation* ou *rapport* entre deux choses quand chacune
d'elles participe *de* ou *à* quelque chose qui leur
est commun.

Le rapport de deux choses, c'est la détermination de l'une quelconque des deux au moyen, *en
fonction* de l'autre, ou la détermination de l'une
et de l'autre au moyen d'un terme de comparaison emprunté à leur élément commun, d'une unité
de mesure, par exemple, s'il agit de grandeurs.

L'expression d'un rapport est donc une comparaison précise, et par suite il n'y a de rapport entre deux choses qu'en ce qu'elles ont de comparable, c'est-à-dire de participant *de* ou *à* ce qu'elles ont de commun. Bien qu'inexprimée, la détermination d'une chose par une autre existe hors de la pensée humaine, par cela même que ces choses en rapport existent, et avec le même degré de précision qu'elles : cette détermination n'est insuffisante, imparfaite qu'autant que ces choses elles-mêmes ne sont pas entièrement distinctes l'une de l'autre. Mais dans la pensée qui les conçoit, leur rapport peut n'être pas et, le plus souvent, n'est pas susceptible d'une expression rigoureuse ; il ne représente pas une détermination précise, non point parce que les choses sont indistinctes effectivement, mais parceque l'esprit est impuissant à en exprimer le rapport ; il ne l'exprime alors que par une comparaison vague ou approximative, ou même il renonce à les comparer.

On conçoit que les termes d'un rapport puissent être eux-mêmes respectivement des rapports (certaines formules algébriques en sont des exemples), mais peut-on concevoir qu'il n'y ait dans l'univers que des rapports ? Cette question sera traitée en son lieu.

Trois données concourent donc à la formation

de tout rapport, à savoir deux choses, habituellement appelés *les termes* du rapport, et une troisième qui leur est commune ; le nom de *terme* lui convient comme aux deux premières ; je l'appelle le *moyen terme* du rapport.

34. CHOSES CONTRAIRES. — Le contraire d'une chose est une autre chose de même genre que la première et positive comme elle, mais dont les caractères spécifiques impliquent l'intégrale négation des caractères spécifiques de la première.

Cette définition exige un soigneux commentaire.

Beaucoup de choses ont leurs contraires dans l'ordre moral, la peine est le contraire de la joie, l'injuste du juste, le laid du beau, le vrai du faux, la crainte de l'espoir, etc. ; dans l'ordre physique la lourdeur est le contraire de la légèreté, la petitesse de la grandeur, la froidure de la chaleur, la faiblesse de la force, la lenteur de la rapidité, etc. ; des qualités morales participent de ces qualités physiques (ce qui permet à celles-ci d'exprimer celles-là dans le langage et dans maintes formes plastiques) : on dit un esprit lourd ou léger, un grand ou un petit esprit, un cœur chaud ou froid, une volonté forte ou faible, une intelligence prompte ou lente.

Il n'y a pas un contraire à toute chose, mais on

prend souvent pour le contraire d'une chose ce
qui n'en est que la simple négation. Par exemple :
ni la mort, ni le repos, ni l'oubli ne sont respectivement les contraires de la vie, de l'action, du
souvenir ; chacun des premiers de ces termes
n'est qu'un mot signifiant la négation de chacun
des seconds qui y correspond. Dans chaque couple
le second terme n'existe que par le premier, au
lieu que deux contraires existent indépendamment
l'un de l'autre. L'abolition de l'un quelconque
des contraires cités plus haut n'entraînerait pas
celle de son correspondant ; tandis que s'il n'avait
jamais existé ni vie, ni activité, ni souvenir, ce
qu'on nomme mort, repos, oubli serait sans raison d'être, ce seraient des mots vides de sens.

Ce que nous entendons par deux contraires
étant suffisamment indiqué par les exemples pré-
cédents, essayons d'en formuler la définition.

Dire que deux choses sont contraires, c'est
affirmer une différence entre elles, c'est donc les
comparer et par cela même reconnaître qu'elles
soutiennent une relation, un rapport, ce qui suppose entre elles quelque chose de commun. Cette
dernière conséquence, choquante au premier
abord, est facile à mettre en évidence par des
exemples frappants. Dans l'ordre moral rien n'est
plus différent que l'amour et la haine, qualifiés de
contraires par tout le monde ; l'un et l'autre n'en

ont pas moins quelque chose de commun, à savoir ce qui constitue l'aptitude à sentir. Ce sont deux espèces différentes du genre appelé *sensibilité morale*. Dans l'ordre physique, deux directions contraires sont aussi différentes que possible, et n'en ont pas moins de commun entre elles ce qui définit dans l'espace la direction, quelle qu'elle soit. Ce sont encore deux espèces différentes du genre *direction*.

Ce qui signale deux contraires c'est donc que ce sont deux choses de même genre et d'espèces différant entre elles au point que les caractères distinctifs de l'une en excluent totalement ceux de l'autre. Si l'on considère les essences intégrales respectives de deux choses contraires, on reconnaît qu'elles ont de commun leurs caractères génériques, mais que leurs caractères spécifiques respectifs n'ont entre eux rien de commun. En tant que contraire à l'amour la haine ne participe en rien de ce sentiment, bien qu'elle soit sentiment comme lui ; en tant que contraires deux directions ne participent en rien l'une de l'autre, bien qu'elles soient toutes deux des directions.

Toutefois, pour que deux choses soient dites contraires, il ne suffit pas que l'une soit simplement la négation de l'autre, car si chacune n'était que cela, aucune ne poserait rien ; or un contraire est quelque chose de positif.

Le contraire d'une chose ne peut donc être conçu d'après le seul énoncé des caractères spécifiques de celle-ci. L'idée d'un contraire ne fournit par elle-même à l'esprit aucune donnée qui lui permette de former l'idée de son correspondant, puisque, nous le savons, aucun des caractères spécifiques constituant l'un n'entre dans la constitution de l'autre. Par exemple, dans un monde où tous les hommes seraient constamment joyeux, justes, beaux, infaillibles, etc., où tous les objets matériels seraient disposés de telle sorte que leurs dimensions, leur poids, leur résistance, leur température fussent adaptés dans une mesure très satisfaisante à leur destination respective, les idées de peine, de partialité, de laideur, d'erreur, d'exiguïté, de lourdeur, de violence, de brûlure, etc., qui représentent les extrêmes différences, les contraires par excellence des qualités précitées, ne pourraient être en aucune façon déduites des idées de celles-ci. Il résulte de ces observations que c'est l'expérience, et non la simple déduction, qui peut indiquer le contraire que comporte une chose [1].

1. La définition donnée ci-dessus des contraires peut servir à critiquer le passage du Phédon de Platon où Socrate affirme que les contraires dépendent l'un de l'autre, de telle sorte qu'ils s'engendrent mutuellement et qu'ainsi la vie naît de la mort, d'où il déduit la survivance de l'âme. Or, d'une part, bien que les contraires soient mis en rapport par un moyen terme qui est leur

35. Inversion. — Réciprocité. — L'inversion et la réciprocité s'appliquent aux rapports.

Soient deux choses A et B en telle relation que d'une part, A conditionne B et que, d'autre part, B conditionne aussi A. Si de part et d'autre le conditionnement est sensiblement le même, on dit que la relation de B à A est l'inverse de la relation de A à B ; dans le cas où il est exactement le même, on dit que la seconde relation est la réciproque de la première.

L'une et l'autre sont inverses ou sont réciproques. La nuance que j'indique entre ces deux qualificatifs peut paraître subtile et négligeable. Je n'y attache qu'une importance très secondaire.

36. La quantité ou grandeur. La pluralité employée a la mesure des quantités de toute espèce. — La continuité. — L'étendue. — L'infiniment petit. — Par la façon dont elle s'engendre, par sa définition la pluralité détermine ce que signifient les vocables *plus* et *moins*, *croître* et *décroître*, ou *augmenter* et *diminuer* : tout ce qui, à l'instar de la pluralité, est susceptible d'augmentation et de diminution est appelé *quantité* ou *grandeur*. La

commun genre, loin de se déduire l'un de l'autre, ils se nient et s'excluent mutuellement, et, d'autre part, la vie et la mort ne sont pas des contraires.

pluralité est de toutes les espèces de quantités la plus générale et la plus abstraite, car toute quantité l'implique en tant que divisible en un nombre quelconque de parties de valeur variable. C'est précisément à ce caractère que la pluralité doit de servir à mesurer toute espèce de quantité, le rapport d'une quantité donnée d'espèce quelconque à son unité de mesure de même espèce étant toujours susceptible d'une expression numérique exacte ou approchée.

Pour la pluralité il existe un minimum d'accroissement qui est le nombre *deux,* tandis que pour les autres espèces de quantités il n'en existe pas. On peut les concevoir engendrées par un accroissement fini quelconque s'ajoutant indéfiniment à lui-même, mais ce facteur, si minime qu'on le suppose, peut être conçu indéfiniment réductible. Ces espèces de quantités sont dites continues. Nous sentons en nous croître ou décroître l'effort de l'attention, l'effort musculaire, la douleur, le plaisir[1], etc., aussi les disons-nous

---

1. Bien qu'on dise de la sensation qu'elle est *plus* ou *moins* vive, elle est considérée par M. Bergson (*Essai sur les données immédiates de la conscience,* Paris, Félix Alcan) comme uniquement qualitative, ne comportant pas la quantité; des mathématiciens, tels que M. Georges Guéroult, sont de son avis. Il leur incombe de définir le sens qu'ils donnent aux mots *plus* ou *moins* appliqués spontanément au plaisir, à la douleur, etc., par la conscience universelle, comme en témoignent toutes les langues.

plus ou moins grands ; en outre, nous les concevons pouvant être toujours moindres qu'ils ne
le sont.à partir du seuil de la conscience, et partant susceptible d'un accroissement indéfiniment
réductible. Ce sont, à ce titre, des grandeurs continues. Mais ce ne sont pas pour cela des *étendues*,
car chacun de leurs accroissements se confond avec
tous les autres pour former un tout dans lequel
il en est indistinct, tandis que le qualificatif *étendu*
est applicable seulement si, dans la somme des
accroissements consécutifs qui composent la grandeur, chacun d'eux demeure distinct du précédent et du suivant. La durée, l'espace, par exemple,
sont des grandeurs à la fois continues et étendues.

On appelle *un infiniment petit actuel*, effectué,
une grandeur qui n'est pas nulle et néanmoins
est, au moment où on la considère, moindre que
n'importe quelle grandeur donnée. Telle est, par
exemple, une longueur au moment où elle commence ; alors, en effet, elle n'est ni nulle ni finie,
car, si elle était nulle, elle n'existerait pas encore
et, si elle était finie, on pourrait en concevoir
une fraction quelconque, c'est-à-dire une grandeur moindre qu'elle, contrairement à sa définition. Mais comment peut-elle satisfaire à ces deux
conditions ? Une telle grandeur, bien qu'elle existe
actuellement, effectivement, ne peut être expri-

mée qu'au moyen d'une formule contradictoire par l'esprit humain, car son essence est située hors du ressort de l'observation scientifique, c'est une chose métaphysique.

La génération de la grandeur continue et étendue par l'infiniment petit est une opération métaphysique et, partant, ne peut se formuler qu'en termes contradictoires. Par exemple : une longueur est engendrée par un point mobile ; ce point prend des positions successivement contiguës ; or la contiguïté de deux traces d'un point mobile est inconcevable, car il faut qu'elles se touchent et elles ne peuvent entrer en contact sans se confondre, n'ayant respectivement point de parties.

Les mathématiciens évitent ingénieusement les contradictions soulevées par le concept immédiat de l'infiniment petit en y substituant comme équivalent celui d'une variable soumise à la condition d'être moindre que toute quantité donnée. Ils expriment arithmétiquement la continuité par les fractions continues. Je m'en tiens aux définitions fondamentales que j'ai tentées plus haut.

37. DIFFÉRENCE D'ORDRE INTRINSÈQUE. — DIFFÉRENCE D'ORDRE EXTRINSÈQUE. — Il y a *différence d'ordre intrinsèque* entre deux choses quand elles diffèrent l'une de l'autre par leurs caractères ou

leurs états respectifs, et il y a *différence d'ordre extrinsèque* entre deux choses, lorsque diffèrent entre eux leurs conditionnements respectifs. Par exemple : entre deux esprits qui diffèrent de puissance intellectuelle ou d'énergie volontaire la différence est d'ordre intrinsèque, de même entre un triangle scalène et un triangle isocèle : elle est d'ordre extrinsèque entre deux points qui diffèrent de position. En réalité dans ce dernier cas ce ne sont pas les points, ce sont leurs positions respectives qui diffèrent.

Entre deux choses égales il n'existe aucune différence d'ordre intrinsèque. Ce qui distingue de l'identité l'égalité, c'est qu'il n'existe entre deux choses identiques aucune espèce de différence, ni intrinsèque, ni extrinsèque, de sorte que l'existence de l'une est indiscernable de celle de l'autre.

38. CARACTÈRE INTRINSÈQUE. — CARACTÈRE EXTRINSÈQUE. — Un caractère d'une chose est *intrinsèque* lorsqu'il peut être intégralement défini au moyen de cette chose, c'est-à-dire quand sa définition est tout entière impliquée dans celle de cette chose. Par exemple : un rapport angulaire dans un triangle en est un caractère intrinsèque ; c'est un caractère intrinsèque de tout triangle que la somme des angles y soit constante, égale à deux angles droits. Un caractère d'une chose est extrinsèque lorsqu'il consiste en une relation que soutient cette chose avec une ou plusieurs autres qu'elle n'implique pas. Telles sont, par exemple, les propriétés chimiques d'un corps ; elles ne le caractérisent que par ses relations avec les autres corps, de sorte que les caractères qui pour le chimiste le définissent ne se définissent eux-mêmes qu'au moyen de ce qui n'est pas lui.

39. CHOSE NOUVELLE. — Une chose est dite *nouvelle* soit, dans un sens large, quand elle commence d'exister, soit, dans un sens étroit, quand, en outre, elle diffère des autres choses de même espèce. Dans le premier cas la nouveauté est le caractère extrinsèque le plus simple qu'on puisse concevoir dans une chose.

40. CHANGEMENT. — Lorsque à l'état présent d'une chose succède un état différent, ou lorsque à une chose s'en substitue une autre différente, on dit qu'il y a *changement*. Dans le second cas l'essence spécifique de la chose changée n'est pas demeurée la même ; elle a perdu les caractères qui lui conféraient son nom.

41. VARIATION. — Je réserve le mot *variation* pour le premier cas, où le changement n'affecte

que l'état présent d'une chose sans en atteindre l'essence spécifique. Une variation est donc pour moi un changement soumis à cette condition.

42. TRANSFORMATION, DEVENIR, RÉALISATION. — Il résulte de la définition précédente qu'une essence spécifique, une espèce en un mot est à proprement parler invariable, ce qui ne signifie pas qu'elle ne peut pas se *transformer*. C'est ce qu'il faut expliquer. Tout changement qui l'atteint la destitue de son nom et l'abolit pour lui substituer une espèce nouvelle qui en diffère plus ou moins. Quand la différence commence par être infiniment petite pour s'accroître continûment, la nouvelle espèce est d'abord indiscernable de la première ; il y a succession ininterrompue, en un mot *transition* de celle-ci à la nouvelle. On dit alors que l'une se *transforme* en l'autre. Or pour une espèce se transformer c'est en réalité s'anéantir en perdant sa dénomination, ce n'est pas varier. On ne peut dire, il est vrai, que l'anéantissement de la première espèce soit consommé, pas plus qu'on ne peut dire que la nouvelle soit constituée ; mais on ne peut pas dire davantage que la première subsiste encore, ni que la seconde n'existe en rien encore. Ce que je viens de dire du commencement de la transformation s'applique à ses moments subséquents qui sont des infiniment

petits de durée. L'esprit humain est donc en demeure d'admettre (sans d'ailleurs pouvoir se la représenter, parce qu'elle est métaphysique) une condition intermédiaire entre ce qui est une espèce déterminée et ce qui en sera une autre également déterminée, entre une chose distincte présentement et une chose future distincte aussi. Cette condition dont l'existence est indéniable et l'essence inimaginable est la *réalisation* ou le *devenir*. La transformation est un devenir, le transformisme est une doctrine qui applique le concept du devenir à l'histoire naturelle.

Des exemples tirés de la géométrie fixeront les idées sur les trois définitions précédentes. Considérons l'ellipse : c'est une espèce de figure du genre *ligne courbe* et telle que la somme des distances respectives de chacun de ses points à deux points donnés, appelés *foyers,* est constante. Supposons que les foyers d'une ellipse se rapprochent ou s'éloignent l'un de l'autre, cette ellipse *changera* sans cesser d'être, par définition, la même espèce de courbe. A cet égard on pourra dire que le changement est une *variation* ; l'ellipse est sujette à une infinité de variations, comme la distance de ses foyers. Supposons maintenant que ceux-ci s'éloignent assez l'un de l'autre pour que leur distance entre eux soit égale à la somme constante de leurs distances respectives à tout point de l'ellipse, dès lors il n'y a plus ellipse, mais ligne droite ; de même si nous supposons que les foyers se rapprochent l'un de l'autre de manière à coïncider finalement, dès lors il n'y aura plus ellipse par la coïncidence des deux foyers, la figure sera *devenue* un point, comme précédemment elle était *devenue* une droite.

Dans l'un et l'autre cas le changement a outrepassé les limites où il demeure variation, c'est-à-dire compatible avec la définition de l'espèce *ellipse*. Jusque-là le changement n'atteint pas l'essence spécifique de la figure ainsi nommée. Au delà de ces limites on ne dit plus que celle-ci est soumise à des variations, on dit qu'elle s'est *transformée*, qu'elle est *devenue autre*, et c'est pour cela qu'on lui donne un autre nom.

43. Différenciation. — Lorsque dans une chose deux autres, qui y sont virtuellement impliquées, qui n'y existent qu'en puissance, se réalisent en s'y distinguant l'une de l'autre, on dit qu'elles s'y différencient, qu'il y a différenciation de ces deux choses dans la première.

44. Évolution. — En tant que le contenu virtuel d'une chose s'y réalise par différenciation continue, on dit qu'il *évolue*, qu'il y a *évolution* de la virtualité.

45. ÉVÉNEMENT. FAIT. — J'entends par un *événement* un changement ou un groupe déterminé de changements soit simultanés comme par exemple, la croissance de toutes les feuilles d'un même arbre en même temps, soit exclusivement successifs, comme dans le déplacement, dans les changements de position d'une pierre lancée.

Fait est synonyme d'*événement*. En y regardant de très près on pourrait saisir une nuance entre ces deux vocables. L'expression courante : *C'est un fait* pour signifier qu'une chose alléguée est indéniable, semble indiquer qu'un fait est un événement considéré au point de vue de son existence constatée. Mais cette distinction subtile est sans importance.

46. PHÉNOMÈNE. — Les savants appellent *phénomène* tout événement, mais d'après son sens étymologique, il convient de réserver ce dernier vocable pour signifier certains événements psychiques, une perception sensible déterminée dans le sujet pensant par quelque événement extérieur à lui, ou une donnée quelconque de l'observation interne.

47. MODIFICATION. MODALITÉ. — J'entends par *modification* dans une chose une variation plus ou moins persistante effectuée en elle. Quand la modification affecte une constance qui en fait un caractère permanent, une manière d'être durable, une différenciation fixe dans cette chose, elle y devient une *modalité*. Par exemple : la sensibilité nerveuse se différencie en plusieurs sortes d'aptitudes à sentir appelées *les sens* (la vue, l'ouïe, le toucher, l'odorat, etc.) ; ces aptitudes qui persévèrent sont des modalités de la sensibilité nerveuse.

48. OBSERVATION INTERNE. RÉFLEXION. — J'entends par l'*observation interne* l'attention appliquée aux états conscients, non pas seulement pour les rendre aussi conscients que possible, mais, en outre, pour prendre conscience de leur existence, les analyser, les classer et en déduire la définition des caractères psychiques, en un mot pour instituer la psychologie intuitive. Cet acte de conscience au second degré s'appelle proprement la *réflexion*.

49. OBSERVATION EXTERNE. — J'entends par l'*observation externe* l'attention appliquée aux états conscients qui naissent d'impressions faites sur les nerfs dits *sensitifs*, états appelés *sensations* dont l'activité intellectuelle forme des *perceptions* révélatrices du monde extérieur au sujet qui observe. Ce monde ne livre à la connaissance

humaine que son existence et les rapports, soit
particuliers, soit généraux, entre les événements
qui s'y passent et se manifestent sous forme de
phénomènes, c'est-à-dire de sensations.

50. LA MÉTAPHYSIQUE. — La seconde acception du verbe *être* signalée au début de ce travail
fournit l'objet de la *métaphysique*. Est métaphysique tout ce qui ne donne prise par aucun procédé
à l'observation soit interne, soit externe. Je dis :
par aucun procédé ; c'est que, en effet, un objet
qui, par exemple, échappe à l'œil nu n'est pas
pour cela seul d'ordre métaphysique, s'il y échappe
parce qu'il est trop éloigné de l'œil, hors de vue,
ou trop petit pour être perçu par le regard humain.
Un télescope ou un microscope suffit dans l'un ou
l'autre cas pour le rendre visible. Ce qui con-
cerne la métaphysique sera examiné à la fin de ce
traité.

51. DÉTERMINATION HORS DE LA DURÉE. —
DÉTERMINATION DANS LA DURÉE. — Une chose peut
résulter d'une autre chose sans qu'il y ait changement. Dans ce cas la première est conditionnée
par la seconde, mais ne l'est pas dans la durée : sa
détermination n'implique pas *succession*, séquence
chronique, mais elle implique seulement conséquence logique. Par exemple : le triangle en

géométrie se définit par une condition d'où résulte sa propriété d'avoir la somme de ses trois angles égale à deux angles droits ; cette condition est la raison d'être intemporelle de cette propriété ; elle la détermine, mais hors de la durée.

Une chose peut résulter d'une autre chose à un autre titre, de telle sorte que la détermination de la première par la seconde implique la durée. C'est ce que je vais examiner.

52. Cause, effet.

Pour que, à un titre quelconque, une chose C en conditionne une autre A, c'est-à-dire soit facteur déterminant de celle-ci, il faut qu'il y ait entre elles quelque chose de commun, quelque milieu qui les mette en communication, en rapport. Dans l'exemple du triangle, cité plus haut, le milieu est l'espace et la communication ne requiert pas la durée. Quand elle la requiert, quand l'existence de A est essentiellement postérieure à celle de C, le simple rapport de succession n'explique pas la détermination de A par C, au contraire c'est cette détermination même qui détermine ce rapport, et elle suppose l'existence d'une donnée métaphysique appelée *cause* impliquée dans C et dont A est appelée l'*effet*.

53. Principe actif, essence de la cause. —

Son efficience. — Son effet, son action ou acte. — Sa définition. — Cette donnée métaphysique est un *principe actif*. On ne peut concevoir immuable ce qui détermine quelque chose dans la durée, on ne peut concevoir le repos déterminant le moindre changement. La cause a donc pour caractère essentiel de ne pas persévérer dans le même état, d'être apte à se modifier. Cette aptitude est ce que j'appelle son *activité*.

Son *efficience* consiste en ce qu'elle transmet à son milieu, par ce qu'elle a de commun avec lui, sa propre modification intrinsèque et y détermine par là quelque changement (événement, variation, etc.) qui est son *effet*. C'est par son activité efficiente qu'elle est un *agent*. La modification intrinsèque par laquelle la cause est déterminante est son *action* ou son *acte*. Toutefois le mot *acte* est par extension appliqué à son effet aussi, à tout changement extrinsèque qu'elle détermine.

Je définis donc la *cause* une condition impliquant une activité qui la rend apte à l'efficience, c'est-à-dire apte à déterminer l'existence d'une chose postérieurement à sa propre existence, chose qui est son *effet*.

54. État potentiel de la cause. — S'il y a un obstacle quelconque à la détermination de l'effet, l'action interne de la cause, au lieu de se commu-

niquer au milieu, demeure dans les limites de la cause même, s'y concentre et s'y accumule ; elle y existe alors à l'état dit *potentiel*.

Par ce que je viens de dire de l'activité et de l'état potentiel je ne prétends pas avoir donné les définitions complètes, adéquates de ces deux choses, car, en réalité le principe actif est métaphysique : ce que nous révèle la conscience de nos efforts d'attention mentale ou de contraction musculaire, ce n'est pas l'être actif en lui-même, ce sont uniquement les actes de cet être inaccessible aux sens et à la conscience, à l'observation, soit externe, soit interne. Je me suis borné à indiquer ce que leurs manifestations suggèrent de leur nature, dont le concept adéquat est interdit à l'esprit humain.

55. Cause occasionnelle. — Cause efficiente.
— Une cause C peut avoir pour effet E de déterminer à l'efficience une autre cause C' dont l'effet E' n'existerait pas sans l'action préalable de C, mais ne serait pas amenée à l'existence par cette action seule. On dit que C est *cause occasionnelle* de E', tandis que C' en est la *cause efficiente*.

Par exemple : la pression de l'index sur la détente d'un pistolet détermine à l'efficience la tension potentielle du ressort et, à ce titre est la cause occasionnelle de l'action du ressort détendu, c'est-à-dire de la percussion du chien sur la cartouche, percussion qui est elle-même la cause occasionnelle de la conflagration de la poudre, cause occasionnelle à son tour de l'explosion qui chasse la balle dans le canon du pistolet. Mais c'est l'explosion seule, le déploiement d'activité dynamique, causé par l'action chimique de la conflagration qui est la cause efficiente du mouvement imprimé à la balle.

56. Cause première. — Causes secondes. — La définition que j'ai donnée de la cause ne suppose pas que le principe causal soit apte à déterminer l'effet sans le concours d'aucune autre chose. En tant qu'il agit dans un milieu, il est jusqu'à un certain point conditionné par celui-ci ; son effet n'en est qu'un changement.

Il se peut encore que le principe causal reçoive de son milieu l'action d'une cause occasionnelle requise pour qu'il agisse lui-même.

On conçoit même qu'il reçoive de ce milieu l'existence ; par exemple : le principe actif de la cause psychique appelée la *volonté* doit au monde ambiant le germe d'où il est né et les facteurs de son développement. A supposer même qu'on voie dans la volonté l'attribut d'une âme immortelle, le spiritualiste accorde que cette âme a commencé d'être, qu'elle n'est pas éternelle. Des causes sont

8.

donc déterminées à l'existence par d'autres causes antécédentes, d'après le témoignage de l'observation.

Existe-t-il une cause initiale, première, qui ait déterminé toutes celles que reconnaissent les événements constitutifs de l'évolution universelle et dont l'observation et l'expérience nous ont révélé quelques-unes? La question est d'ordre métaphysique. Tout ce qu'on peut dire à ce sujet, c'est qu'une succession *indéfinie* de causes se déterminant les unes les autres dans le passé est inintelligible. Pour l'esprit humain toute série de faits requiert une limite antérieure au présent, un commencement.

Aussi appelle-t-on *causes secondes* toutes celles qui n'existent pas par elles-mêmes et, par suite, en supposent d'autres antérieures, les unes efficientes immédiatement, les autres occasionnelles, dont la ramification aboutit à une cause unique existant par elle-même, dite *première*. Mais ce raisonnement repose sur ce que l'infinité dans le passé est impossible à une succession d'événements. Or concevoir une chose comme impossible ne serait-ce pas dans certains cas, pour l'esprit humain, témoigner simplement de l'impossibilité où il est de la concevoir possible, non point parce qu'elle est irréalisable, mais parce qu'il n'est normalement pas organisé pour en concevoir la réa-

lisation ? C'est précisément le cas de toutes les
données métaphysiques et l'infinité en est une par
excellence.

57. FORCE MUSCULAIRE. — FORCE MÉCANIQUE. —
Nous ne prenons conscience de l'activité qu'en
nous-même, soit dans l'effort cérébral appliqué,
sous le nom d'*attention*, à l'objet de la pensée (ou
à la pensée même), soit dans l'effort musculaire,
qui, sous le nom de *force*, s'applique aux données de l'étendue tactile. Dans le premier cas l'activité est psychique, dans le second elle est physiologique, mais dans les deux elle est déterminée
à l'efficience par le même antécédent, actif lui-
même, qui est *le vouloir, la volonté.*

J'entends par la *force mécanique* la force musculaire considérée à l'état inconscient et abstraction faite de son antécédent psychique, de la volition qui en conditionne l'exercice, qui la met en
train et la règle. C'est ce concept arbitraire et
fictif qui me semble avoir fourni aux fondateurs
de la Mécanique le type de la cause d'où procèdent
les résistances opposées par le monde extérieur à
la force musculaire déployée par la volonté, et
aussi les changements de lieu, les déplacements
dont l'homme ne se sent pas la cause volontaire
et qu'il attribue à des choses extérieures à lui-
même.

58. Mouvement. — Déplacement. — Le *mouvement* est la manifestation d'une force mécanique dans le champ de la conscience humaine par l'intermédiaire de l'organe à la fois actif et sensitif du toucher exerçant l'effort musculaire sur un point d'application dont cette conscience observe le déplacement en même temps que la résistance. Celle-ci, d'ailleurs, peut être minime au point d'être négligée et de devenir inconsciente, infiniment petite en cas d'équilibre instable.

Le *déplacement* diffère du mouvement en ce que la sensation de la résistance est entièrement exclue de la perception qui le définit. Dégagé de la manifestation complexe appelée *mouvement*, il est représenté isolément par le sens de la vue qui en fournit le signe naturel dans le champ visuel (étendue à deux dimensions, abstraction faite de la profondeur ; celle-ci est introduite par inférence tirée de l'expérience tactile concomitante avec l'expérience visuelle).

59. Essence de l'effet. — Si l'on appelle *effet* d'une cause tout ce qui est déterminé par elle à l'existence, alors son acte interne, sa propre modification, cette modification initiale d'elle-même déterminée en elle par elle à l'existence est à ce titre son effet ; mais d'habitude on réserve ce nom à l'événement que son acte interne détermine hors d'elle immédiatement ou indirectement dans quelque autre chose qui s'y trouve séparée d'elle.

Dans le premier cas, celui où l'acte même de la cause (sa modification propre et initiale) est appelé effet (son premier effet), l'essence de l'effet est tout entière impliquée dans celle de la cause ; tout se passe dans le principe même qui agit. Mais, dans le second cas, l'effet, par cela même qu'il suppose communication immédiate ou médiate, directe ou indirecte de l'activité causale avec ce qu'elle modifie, participe de ce qu'il y a de commun entre cette activité et la chose modifiée grâce à leur commun milieu. Dès lors, l'essence de l'effet, pris dans cette acception restreinte et ordinaire, implique des caractères communs à la fois avec sa cause et avec la chose sur laquelle elle agit.

Un effet ne tient donc pas tout de sa cause, à moins qu'on ne l'attribue à la cause première.

60. Processus. — Un *processus* est un événement complexe considéré dans la succession des changements qui le constituent, et considéré le plus souvent au point de vue de leur corrélation, non pas seulement chronique, mais surtout causale.

61. Synthèse. — Unité synthétique. — Sys-

TÈME. — COMPOSANTES. — INDIVIDUALITÉ. — J'entends par une *synthèse* le conditionnement de plusieurs choses, soit par l'une ou quelques-unes d'entre elles, soit réciproquement les unes par les autres, de sorte que, dans un cas comme dans l'autre, elles sont toutes par là en rapport entre elles.

La mise en rapport de plusieurs choses dans leur synthèse en constitue l'*unité*. Quand l'unité synthétique est suffisamment constante pour faire des choses synthétisées un tout distinct et déterminé, ce tout représente une chose définissable et nouvelle.

Le mot *synthèse* s'applique non pas seulement au conditionnement qui synthétise, mais aussi au résultat de celui-ci, à la chose nouvelle qu'il détermine.

Une chose *composée, un composé* est toujours une synthèse.

Le mot *système* est synonyme du mot *synthèse* ainsi défini, car il n'y a système qu'autant qu'il y a conditionnement réciproque ou unilatéral de plusieurs choses, et le système constitue par là même une chose nouvelle, distincte de ses facteurs.

J'appelle *composantes* d'une synthèse les choses dont le conditionnement la constitue.

D'après les définitions précédentes, les composantes d'une synthèse ou d'un système ne sont autres que les termes mêmes des rapports qui en composent l'unité.

Chacun de ces rapports a au moins l'un de ces termes communs avec au moins l'un des autres rapports. Il en résulte que tous les rapports sont immédiatement ou médiatement dépendant les uns des autres, mais il ne s'ensuit pas qu'ils n'impliquent aucun terme indépendant de tous les autres. L'un des termes, en effet, peut être le commencement d'une série formée par tous les rapports, et peut, à ce titre, conditionner les autres termes sans dépendre d'aucun d'eux. Par exemple, on conçoit un système de rapports mécaniques tel que plusieurs mobiles inertes se choquent successivement et se déplacent sous une impulsion donnée à l'un d'eux qui la communique à tous les autres, de sorte que par l'initiative de son impulsion le premier de la série soit indépendant de tous les autres.

J'entends par un *individu* soit une chose simple, soit une unité synthétique.

62. DIVERSES SORTES DE SYNTHÈSES. — SYNTHÈSE PUREMENT COLLECTIVE, LE NOMBRE. — SYNTHÈSE COLLECTIVE. — L'expérience et la réflexion amènent à reconnaître divers degrés à la synthèse, divers modes de systématisation ; la synthèse *purement collective* est la moins compliquée. J'entends par

une synthèse purement collective celle dont les composantes ne soutiennent entre elles que des rapports indépendants des caractères de leurs essences intégrales respectives, à plus forte raison indépendants de leurs essences particulières. Dans ce cas leurs états respectifs peuvent indifféremment persévérer ou changer sans que l'unité synthétique en soit affectée, pourvu qu'elles continuent d'exister. La pluralité brute, non encore nombrée, est une telle synthèse, car elle n'implique nul rapport entre les essences des choses. C'est l'esprit qui crée entre leurs existences (unités simples) le lien collectif en ne considérant aucune de ces unités abstraction faite des autres, isolément, de sorte que, par la pensée, chacune dépend ainsi des autres, est conditionnée par elles et les conditionne. Ce même rapport collectif se complique dans la constitution du nombre. Pour la commodité du concept de cette pluralité systématisée et pour en faciliter la notation soit mentale, soit graphique, les unités employées à la numération ne sont pas toutes simples, encore que la collection qu'elles déterminent ne soit composée, en dernière analyse, que d'unités simples, d'existences abstraites. A partir d'une certaine collection d'unités simples, assez réduite pour être immédiatement imaginable, on a formé de celles-ci une unité collective pour servir à la formation d'une nouvelle unité collective et ainsi de suite progressivement. Ce système de numération peut croître indéfiniment de manière à embrasser et déterminer une pluralité finie quelconque. On dit que le nombre est *infini* quand on impose pour loi à sa formation un accroissement indéfini ; mais il n'est jamais effectivement infini. Un nombre infini, ce ne serait pas, à proprement parler, *un nombre,* ce serait *la pluralité* infinie.

Dans la numération le système de divers groupes croissants dont chacun joue à son tour le rôle d'unité dans la composition du nombre, ce système, dis-je, n'altère par là en rien la valeur, c'est-à-dire l'essence intégrale de l'unité fondamentale.

J'appelle *collective* toute synthèse dont l'unité se forme sans altération des composantes. Telle est, par exemple la synthèse taxinomique dont l'unité est un rapport de similitude entre des caractères : l'histoire naturelle, dans ses classifications, institue un système de synthèses ordonnées d'après le nombre croissant des caractères communs à certaines formes terrestres jusqu'au plus grand nombre de ces caractères, lequel définit l'espèce (ou la variété). ·

C'est au même titre une synthèse collective que la composition des forces en mécanique, car chacune d'elles, quelle que soit la résultante, de-

meure, en tant que composante, ce qu'elle était
isolément. Le poids d'un corps est la somme des
poids respectifs des particules extrêmes dont ce
corps est formé, sans que l'essence spécifique de
la pesanteur varie en aucune d'elles. Il n'est pas
certain qu'il en soit de même dans un composé
chimique. L'eau, par exemple, outre la synthèse
pondérale de ses particules atomiques, en offre
une autre qui n'est plus seulement collective, car
chacune des données supposées simples, l'oxygène
et l'hydrogène, qui se synthétisent diffère probablement dans la combinaison de ce qu'elle était
séparément; toutes deux probablement s'y altèrent
l'une l'autre. Je ne l'affirme pas, car peut-être en
réalité, c'est-à-dire hors de notre conscience qui
en perçoit les impressions, une combinaison n'est-
elle qu'une structure d'éléments égaux soumis à
une mutuelle action purement mécanique ; il appartient aux spécialistes d'en décider.

63. SYNTHÈSE PAR COMMUNICATION UNILATÉRALE.
— La moindre complication qu'on puisse concevoir à la synthèse collective est une action initiale
de l'une des composantes sur toutes les autres
sans que leurs essences spécifiques respectives en
soient altérées. C'est le cas, par exemple, d'un
déplacement imprimé par un mobile à des corps
qui, en se choquant l'un l'autre tour à tour, se

communiquent successivement l'impulsion reçue.
L'essence spécifique de chacun d'eux demeure
intacte, mais non l'essence intégrale, car celle-ci
s'accroît d'une communication de mouvement :
ainsi, quand une bille de billard rendue mobile
par un coup de queue en rencontre une autre,
jusque-là au repos, et la pousse sur une troisième,
la première communique aux deux autres l'impulsion qu'elle a reçue. Cette impulsion fait dès
lors partie de l'essence intégrale de chacune et
par là y ajoute un caractère nouveau. Comme,
d'ailleurs, l'essence spécifique de chacune reste
la même, c'est l'essence particulière qui s'y trouve
être modifiée par l'accroissement de l'essence intégrale.

Dans le cas que je viens de considérer, l'unité
synthétique consiste dans la communication du
mouvement. J'appelle cette synthèse *synthèse par
communication unilatérale.*

64. SYNTHÈSE SOLIDAIRE. — Il existe une synthèse par action réciproque des composantes les
unes sur les autres, l'unité synthétique s'appelle
alors *solidarité.* Par exemple: la gravitation universelle, forme de tous les atomes matériels une
synthèse solidaire, un système solidaire. La cohésion, l'affinité constituent aussi des synthèses solidaires. Une famille, une nation en sont d'autres

dont l'unité naît d'affections et d'intérêts qui lien
les individus entre eux.

65. Synthèse organique. — J'appelle *synthèse
organique* une synthèse solidaire qui reçoit son
unité de ce qu'on nomme *la vie.* Cette synthèse
est le processus défini par les fonctions qui font
l'objet de la physiologie et de la psychologie, quelque puisse être d'ailleurs le moteur de ces fonctions, qu'il soit unique et commun à toutes, ou
qu'il y en ait un distinct pour chacun des deux
groupes qu'elles forment.

**66. Synthèse subjective, objective, poten-
tielle.** — Une synthèse est ou bien une création
de l'esprit qui, observant une ou plusieurs choses
en abstrait certains caractères dont il forme un
tout subjectif, comme est le concept de tel nombre
de telle figure géométrique, de tel personnage
dans une œuvre d'imagination, ou bien une chose
du monde extérieur à la pensée, chose objective
qui n'est pas simple.

On peut se demander si certaines synthèses
qui paraissent purement mentales, toutes subjectives, n'ont pas néanmoins une réalité objective.
En taxinomie, par exemple, une division telle
qu'une espèce végétale ou animale, n'existe-t-elle
pas hors de l'esprit qui la compose de caractères com-

muns abstraits de plusieurs individus? N'est-elle pas
à l'état potentiel imprimée dans chaque couple reproducteur. La théorie de Darwin explique bien,
aux yeux d'une grande majorité de naturalistes,
la formation des espèces ; mais cette théorie ac-
cepte sans l'expliquer, l'hérédité, la transmission
des caractères spécifiques à l'individu par ses ascen-
dants. Chez le couple reproducteur les cellules
sexuelles sont dépositaires de moteurs mystérieux
qui dirigent les molécules alimentaires pour les
disposer et en former les organes de l'individu
nouveau sur une sorte de patron préexistant (en
apparence du moins) comme l'architecte et les
maçons s'accordent pour assembler les pierres
selon le plan préconçu de l'édifice à bâtir. Jusqu'à ce que les spécialistes aient réussi à réduire
cette apparente finalité en un système de conditions déterminantes immédiates, on est en demeure
de concevoir des synthèses à l'état potentiel dépo-
sées dans les cellules reproductrices.

67. LE DÉTERMINISME. — Un savant stricte-
ment positiviste qui rigoureusement fidèle à la
méthode de Bacon, s'interdirait toute spéculation
métaphysique, un tel savant s'en tiendrait à observer d'abord les phénomènes, c'est-à-dire ses états
de conscience (sensations et sentiments) sous les
impressions que reçoivent, d'une part, ses organes

des sens, ses nerfs sensitifs, d'autre part ses aptitudes passionnelles et intellectuelles ; à observer
ensuite et expérimenter les rapports divers que
soutiennent entre elles ces données, à dégager les
plus généraux et les plus constants de ces rapports
sous le nom de *lois*, acceptant ces lois comme
objectives, c'est-à-dire comme exactement repré-
sentatives de rapports correspondants entre les
événements dont les phénomènes sont les signes
naturels dans la conscience humaine. Il s'interdirait du même coup la recherche de ce que j'ai
appelé *cause efficiente* de ces événements. En présence d'un phénomène il se contenterait de constater, parmi les conditions qui concourent à le
déterminer, celle qui lui apparaîtrait comme nécessaire et suffisante pour le provoquer, pour
l'amener à l'existence. Remarquons qu'une pareille
condition n'est pas toujours, tant s'en faut! la
cause efficiente du fait signifié par le phénomène ;
par exemple : un certain degré de température
peut être nécessaire et suffisant pour que, d'autres
conditions étant préalablement données, telle
combinaison chimique soit effectuée, sans que ce
soit cette condition-là qui l'opère ; celle qui l'opère et
qu'on nomme *l'affinité* est quelque chose d'actif fai-
sant fonction de cause, non pas seulement occasionnelle, mais efficiente. Or celle-ci est métaphysique, et cependant il n'y a pas de savant, de

chimiste, si fidèle qu'il se croie à la méthode
expérimentale, qui ne l'admette et ne tente de
s'en faire une idée adéquate. Il admet, en outre,
avec le mécanicien, qu'un corps, donnée chimique
manifestée par des *propriétés,* c'est-à-dire par
certaines perceptions sensibles constantes qu'elle
provoque soit par elle-même, par impressions
immédiates sur nos nerfs sensitifs, soit par l'intermédiaire d'autres corps sur lesquels elle agit,
il admet, dis-je, que cette donnée implique un
principe d'unité qui en soutienne et coordonne
les propriétés sous le nom d'*atome matériel,* d'où
procède et sur lequel s'exerce l'affinité. Le mécanicien, réduisant à leur plus simple expression le
principe actif et le principe matériel, sous les
noms de *force* et de *masse,* fait, bon gré mal gré,
de la métaphysique au même titre que le chimiste
parlant d'atomes et d'affinité, et le physicien parlant d'éther, de pesanteur, de vibrations électri-
ques ou lumineuses. L'observation du monde
extérieur ne révèle au regard que des déplacements
de figures colorées. Le sens de l'ouïe et celui de
l'odorat ne manifestent par eux-mêmes rien de
l'activité mécanique, le sens tactile de la chaleur
n'en manifeste rien non plus. C'est le sens tactile
de la résistance et la conscience de l'effort musculaire qu'elle exige pour être vaincue, c'est cette
double et simultanée perception qui fournit à

l'esprit de quoi former par abstraction les concepts initiaux de la mécanique, les idées de *masse,* de *force,* d'*énergie,* de *mouvement* et de *potentiel.* L'analyse de l'effort musculaire par la conscience attentive et réfléchie que nous en prenons ne nous apprend pas quelle est en soi la cause de cet effort ; elle nous apprend seulement que nous sommes cette cause, que ses effets sont notre œuvre, procèdent de notre initiative, laquelle nous semble indépendante. Se sentir actif, c'est encore sentir, constater un état de nous-même qui n'est pas adéquat à l'être de nous-même mais n'en est qu'une modification. Le principe actif que nous sommes échappe aux prises de l'intuition comme tout objet métaphysique, sans quoi la psychologie ne donnerait pas lieu à tant de discussions sur ses résultats et même sur ses titres scientifiques. En résumé le savant le plus positiviste emprunte à la métaphysique du *moi* actif psycho-physiologique, du *moi* producteur d'énergie simultanément volontaire et névro-musculaire les concepts fondamentaux des sciences dites naturelles.

J'entends par le *déterminisme* l'explication des événements de toutes sortes, en un mot de l'Univers accidentel par le conditionnement des phénomènes les uns par les autres, abstraction faite de toute spéculation métaphysique sur les causes efficientes des événements. Du précédent examen critique il résulte que cet idéal scientifique n'est réalisé dans la formation d'aucune science. Aucune ne se borne à n'être qu'une coordination de rapports explicatifs les uns des autres. Toutes les sciences supposent et considèrent les *substrata* des rapports, mot que je vais définir.

68. LE SUBSTRATUM. — Un événement quelconque, d'ordre psychique ou autre, une sensation, par exemple, ou un déplacement dans l'espace suppose constamment la présence de quelque donnée immédiate dont il est une variation ou une modification. Cette donnée permanente et immédiate est ce que j'appelle *son substratum*.

Dans une synthèse de propriétés constamment associées, ce qui les maintient groupées, et fait persévérer chacune d'elles sous les modifications qui la révèlent, ce qui fait de cette synthèse un objet pour la pensée, chose distincte portant un nom, cette donnée, en tant que lien persistant et subsistant, est encore un *substratum* : principe de son unité et de sa durée.

Cette donnée, dis-je, subsiste et persiste : est-il possible que, par l'effet des modifications, elle ne soit plus du tout ce qu'elle était, c'est-à-dire que, au lieu d'être simplement modifiée, elle soit *totalement changée*, de sorte qu'il y ait substitution intégrale de l'événement dont la donnée est le

siège à la donnée même ? Non, car dans cette hypothèse il faudrait qu'il y eût anéantissement
préalable de celle-ci et par suite création *à nihilo*
de l'événement : ce dernier ne serait plus une
variation, une modification, puisqu'il n'implique-
rait rien d'aucun antécédent.

Les définitions précédentes me semblent ré-
pondre à l'idée que se font les savants de ce qu'ils
appellent aussi de ce nom. Pas plus que moi, en
effet, ils n'entendent par *un substratum* ce que les
métaphysiciens nomment *la substance* (l'être en
soi et par soi). Consciemment ou non la logique
induit les savants à concevoir tout phénomène,
c'est-à-dire tout état de conscience, et aussi tout
événement dont le phénomène est le signe naturel en eux, comme une variation et, par suite, à
considérer ce qui varie, à savoir la donnée sous-
jacente (sub-stratum), le sujet de la variation.
Mais ce substratum peut en supposer lui-même un
autre dont il soit à son tour une variation. Celle-
ci d'ailleurs n'est pas nécessairement momenta-
née, instable comme le phénomène ; elle peut
persister plus ou moins longtemps et constituer,
à ce titre, une modalité. Par exemple un son
quelconque, en tant que sensation et pris indépendamment de l'impression qui le détermine,
est un phénomène, un événement psychique, et
il a comme tel pour antécédent immédiat, pour

substratum, cette modalité spécifique appelé l'*ouïe*, aptitude à la conscience d'une infinité de sons différents. Remarquons que cette modalité générique appelée la sensibilité nerveuse, aptitude complexe (sens de la vue, du toucher, de l'odorat, etc.) dont l'ouïe n'est qu'une fonction parmi les autres, réclame elle-même un substratum qui lui est commun avec la sensibilité morale. Je ne descendrai pas davantage ici l'échelle des substrata psychiques; je donne seulement des exemples. De même, dans l'ordre physique, un déplacement dans l'espace tactile (à trois dimensions) a pour substratum un mobile, une chose susceptible d'une infinité de déplacements différents selon la direction et la vitesse qu'elle reçoit ; or, ce mobile, s'il est, par exemple, un certain fragment de plomb, de pierre, un certain *corps* inorganique en un mot, a lui-même pour substratum une donnée physico-chimique complexe, à savoir les atomes, les forces diverses (pesanteur, cohésion, affinité etc.), substratum capable d'affecter ces différentes modalités. Ne me proposant encore que de fournir des exemples, je m'arrête à ce degré de l'échelle des substrata d'ordre physique, sans pousser jusqu'à ce que les mécaniciens appellent la *masse* et l'*énergie*, double donnée, moins complexe que la précédente et qui en représente à son tour les modalités. Quelle que soit la cause d'un phénomène, comme ce phénomène est immédiatement impliqué dans son substratum, il est évident que l'efficacité de la cause dépend de celui-ci. Il est donc naturel que l'attention et la curiosité des savants se soient portées sur le substratum immédiat du phénomène observé, puis régressivement sur les substrata antécédents.

La notion de substratum est chez eux à la fois spontanée et importante. De ces divers substrata il leur suffit de reconnaître ce que leur en révèle l'observation, soit externe, soit interne, rien de plus. Or ce que celle-ci leur révèle, ce n'est nullement l'être même de ces substrata, qui est impénétrable à l'intuition, c'en est seulement l'existence et les propriétés. Aussi longtemps qu'ils bornent là le champ de leurs recherches, la métaphysique proprement dite en demeure exclue.

Sans doute la raison humaine réclame une donnée immédiate, ultime, qui ne soit pas une variation, mais existe par soi et en soi et supporte tout l'édifice des substrata accidentels. C'est dans cette ultime donnée que le substratum, tel que je l'entends avec les savants, s'identifierait à la *substance* des métaphysiciens. La science positive, purement expérimentale, n'a pas à s'occuper de cette identification, qui échappe à l'observation humaine. Les adeptes de cette science n'échappent cependant pas au péril de créer des entités méta-

physiques; ils parlent d'*atomes, de forces*. Il n'est
donc pas hors de propos de préciser le sens des
mots qui signifient les choses d'ordre transcen-
dant. Je vais l'essayer sommairement.

69. LA SUBSTANCE. — D'innombrables choses
apparaissent et disparaissent, à savoir : tous les
objets accessibles à l'observation, soit externe,
soit interne, et leurs images en nous (figures,
couleurs, sons, odeurs, saveurs, etc.) et, outre
ces images, nos autres états (pensées, sentiments,
décisions volontaires etc.) qui ne sont pas immédiatement déterminés par des impressions du
dehors sur nos nerfs sensitifs, mais l'anéantissement total de l'Univers apparaît impossible à l'esprit humain. Il existe donc quelque chose d'impérissable, quelque chose qui n'aura pas de fin.
Il s'ensuit que cette donnée n'a pas eu de commencement. En effet, l'Univers entier ne se conçoit pas ayant commencé ; or si, à un moment
quelconque du passé l'impérissable n'eût pas
existé, l'Univers n'eût été, à ce moment-là, composé que de choses périssables, ce qui est reconnu
impossible de tout temps. L'impérissable est
l'être métaphysique appelé *substance* par les philosophes qui l'étudient.

70. LE NÉCESSAIRE. — Ce qui ne peut pas ne

pas exister dans le passé, comme dans le présent
et dans l'avenir est dit, par excellence *nécessaire*.
Une chose périssable étant donnée, on peut tirer
des conséquences logiques et, à ce titre, nécessaires de son existence et de son essence, mais ces
conséquences ne sont que relativement nécessaires ; elles présupposent l'existence de la chose
d'où elles dérivent ; celle-ci en est la condition.
La substance est nécessaire dans la première acception, la plus large, du mot.

71. L'Éternel. — Une chose qui n'a pas commencé et ne cessera pas d'exister est, par excellence, *éternelle* ; sa durée en implique deux sans
fin également, l'une dans le passé, l'autre dans
l'avenir, à partir d'un moment quelconque; telle
est la double durée sans fin de la substance. On
appelle aussi *éternelle* une chose périssable mais
qui se conçoit ne devant pas cesser d'exister. On
qualifie encore ainsi la chose dont l'existence est
indépendante de la durée : ce qui est vrai, une
proposition de géométrie par exemple. Cette acception du qualificatif *éternel* prête à la critique :
l'esprit ne reconnaît aucun rapport entre la vérité
et le temps.

72. L'Absolu. — Ce qui n'est déterminé à
l'existence par rien de ce qui n'est pas soi, ce qui

existe sans le secours d'aucune autre chose, cela n'est conditionné par rien d'extérieur à soi par aucun milieu ; c'est une chose entièrement indépendante, en un mot *absolue*. La substance, en tant que nécessaire et éternelle, est donc *l'absolu*.

73. L'Être par soi et en soi. — Cette absence de toute condition extérieure à son existence et à son essence fait dire de la substance qu'elle existe *par soi et en soi* ; elle est *l'être par soi et en soi*.

74. L'Infini. — Un tel être, en tant qu'il existe par soi, n'implique nul facteur négatif et, en tant qu'il existe en soi, n'implique rien de commun avec autre chose, rien qui ne lui soit exclusivement propre. A ce double titre il n'admet donc aucune limite. Le fini seul implique négation et comporte quelque chose de commun avec ce qui le borne. Aussi dit-on de la substance qu'elle est *infinie* (deux négations équivalent à une affirmation).

L'esprit humain ne peut imaginer l'éternité, l'indépendance absolue, l'infinité, la nécessité. Il ne peut qu'en admettre l'existence. Encore moins peut-il se faire aucune idée du sujet de ces qualificatifs, aucune idée de l'être même auquel ils s'appliquent. L'expérience et l'analyse permettent-t-elles, sinon de s'en faire une idée, du moins de définir quelques-uns de ses rapports avec l'Univers tel qu'il se révèle aux sens et à la pensée de l'homme ; de reconnaître si l'être y existe unique ou multiple et comment le monde des événements se rattache à l'Être ? On en peut douter, car les plus grands esprits, les Spinoza, les Leibnitz, par exemple, sont divisés dans leurs réponses à ces questions. Je me bornerai à en poser les termes aussi clairement que je le pourrai.

75. Attributs de la substance. — Supposons successivement éliminées de l'Univers les différences qui s'y sont produites. Puisqu'il a existé avant leur apparition, il a donc existé sans elles. Mais il y en a peut-être qui n'ont pas eu à se produire, qui ont coexisté de tout temps avec lui. On conçoit donc, dans notre hypothèse, un moment où, sans nulle atteinte à son être, l'Univers doit n'impliquer aucune différence ou n'impliquer que des différences inhérentes à son être même, sans lesquelles il n'existerait pas, et par suite irréductibles. L'élimination supposée a dès lors touché la limite au delà de laquelle l'Univers serait entièrement éliminé, anéanti. Or on ne peut le concevoir totalement anéanti ; on est donc logiquement induit à lui reconnaître une ou plusieurs manières d'être ou qualités éternelles, fondamentales. S'il n'en avait qu'une, son être serait donc

simple, ce qui n'est pas possible puisque l'expérience atteste qu'il y a diversité en lui, et comment
la diversité dériverait-t-elle de la simplicité ?.Ce
n'est donc pas une seule, mais plusieurs manières
d'être distinctes, plusieurs qualités qui coexistent
en lui de tout temps. Elles demeurent irréductibles sous toutes les autres différenciations qui
ne sont que des changements. A proprement
parler, on ne peut même pas dire qu'un changement, un événement soit une *manière d'être,* car
l'être, dans l'acception où nous prenons ce mot,
ne se conçoit pas prenant naissance et muable.
Aussi les manières d'être ou qualités éternelles
sont-elles seules parties intégrantes de l'être ; elles
le constituent en ce sens qu'il n'existerait pas sans
elles et n'existe que par elles.

Les métaphysiciens nomment attributs les manières d'être ou qualités constitutives de la substance, par exemple : l'espace, la matière, l'esprit.

76. MODES. — Ils appellent *modes* les manières
d'être ou qualités persévérantes impliquées dans
les attributs. Par exemple : la longueur, la surface, le volume sont des modes de l'étendue spa-
tiale ; les aptitudes à palper, voir, entendre, goû-
ter, flairer, à former des idées, à juger, à vouloir
sont autant de modes de la conscience et de l'activité mentale.

77. ACCIDENTS. CONTINGENTS. — Ce sont des
différences temporelles, sujettes à commencer et
à finir. Par exemple : toutes les lignes, toutes
les surfaces, tous les volumes, en un mot toutes
les figures possibles existent indéterminées dans
l'espace ; l'une quelconque d'entre elles n'est
qu'*accidentellement* déterminée par la formation
éventuelle d'un corps affectant cette figure ; de
même, telle sensation, telle émotion, telle idée,
tel jugement, telle décision sont des accidents.

Ainsi, d'une part, la réflexion et le raisonnement nous révèlent que dans l'Univers une chose
existe de toute éternité, l'être, la substance, dif-
férenciée en attributs et en modes qui participent
de son éternité ; et, d'autre part, l'observation
tant interne qu'externe nous révèle tout un monde
de choses périssables. Voilà donc deux départements de choses bien distincts. Sont-ils indépendants l'un de l'autre, sans communication entre
eux ? Assurément non. Le périssable, en effet,
par définition n'étant pas nécessaire, n'est ni par
soi ni en soi ; il ne peut donc exister que par et
dans autre chose ; or l'Univers n'est composé que
du périssable et de l'impérissable ; c'est donc par
et dans le second que le premier existe.

Les assertions précédentes, d'ordre métaphysique, sont toutes ou axiomatiques ou empiriques. Les savants positivistes (mathématiciens,

physiciens, chimistes, naturalistes, etc.) ont le droit de négliger l'impérissable : et il peut leur être inutile de s'en occuper ; mais ils se trompe-raient s'ils déniaient à l'esprit humain l'aptitude à en signaler l'existence, les attributs et les mo-des, car l'aptitude à généraliser et à abstraire est applicable à cet objet tout comme aux divers ob-jets des sciences qu'ils cultivent. La spéculation sur l'impérissable ne requiert aucune aptitude in-tellectuelle spéciale chez les esprits qui la tentent ; seulement chez ceux-ci l'abstraction est poussée plus loin que chez les autres penseurs. Le point de départ de la recherche métaphysique est comme celui des mathématiques une donnée empirique, laquelle suggère à la pensée réfléchie des juge-ments abstraits évidents par eux-mêmes, ne se déduisant d'aucun autre, des axiomes en un mot. Tout ce que les positivistes peuvent dire de la métaphysique, c'est que, pas plus que les sciences expérimentales, elle n'atteint la nature intime, le fond même de l'impérissable ; elle n'en peut con-stater que l'existence, les attributs et les modes, manières d'être également impérissables dont l'es-prit humain ne saurait d'ailleurs se former des idées adéquates, car, d'une part, l'être ne com-porte aucune représentation et, d'autre part, son essence impliquant l'infinité passe la compréhen-sion humaine.

A tout prendre, les savants positivistes, quand ils supposent ce qu'ils appellent des *substrata* aux données périssables de leurs observations et de leurs expériences, à ce qu'ils appellent les *phéno-mènes*, obéissent à la même exigence mentale que les métaphysiciens. Ceux-ci ne font qu'appro-fondir le sens du mot *substratum* en concevant un dessous permanent (*sub-stance*) aux choses péris-sables désignées dans leur vocabulaire par les mots *accidents, contingents*. Le domaine de la mé-taphysique, exactement délimité, n'est qu'une division du champ continu de la connaissance humaine et est exploité par ses explorateurs avec le même outillage intellectuel qu'applique la science à tout le reste, à cela près qu'ils aiguisent le pic pour l'enfoncer jusqu'au tuf; ils ne l'entament d'ailleurs jamais. Tant s'en faut qu'ils se résignent à ne point tenter cet impossible sondage, et c'est ce qui a discrédité leur recherche.

Ils sont pourtant avertis de leur témérité, de l'insuffisance et de l'illégitime emploi des seules ressources mentales dont ils disposent par la contradiction qu'introduit inévitablement dans les formules de leurs propositions la nature méta-physique des données qui en font l'objet (Anti-nomies de Kant).

La communication du périssable et de l'impé-rissable, démontrée plus haut, est métaphysique parce qu'elle implique celui-ci, qui ne tombe ni sous les sens ni sous la conscience ; aussi n'en pouvons-nous former qu'un concept contradictoire sans en pouvoir nier la réalité. En effet, puisque le périssable existe dans et par l'impérissable il y a quelque chose de commun entre l'un et l'autre. Or, d'une part, cette donnée commune, en tant que partie intégrante du périssable, n'existe pas nécessairement, mais, d'autre part, en tant que partie intégrante de l'impérissable, qui est reconnu nécessaire, elle existe nécessairement. La contradiction est donc mise en évidence. Je ne sais si quelque métaphysicien a signalé cette antinomie fondamentale dans la relation du monde accidentel et contingent avec l'impérissable, avec la substance : je ne me rappelle pas l'avoir vu mentionner dans les ouvrages d'ontologie que j'ai lus, mais, à vrai dire, je suis très loin de connaître tous les systèmes métaphysiques publiés.

78. AME. — ESPRIT. — LE PSYCHIQUE ET LE PHYSIQUE. — LA PERSONNALITÉ. — L'activité d'où procède par le vouloir la vie mentale et la mise en train de la force musculaire, cette activité et la conscience ont pour substratum ce que les philosophes et les théologiens appellent l'*âme*, et les savants positivistes l'*esprit* ou, en général, le *psychique*, substratum distinct de ce qu'on nomme

communément *la matière* et dont le caractère
extrinsèque et distinctif est d'impressionner immédiatement les organes des sens mis en communication avec elle. La matière se manifeste à la conscience en y déterminant des groupes de sensations appelés *perceptions*. Les perceptions sont des
états de conscience dits *physiques* opposés aux
états de conscience, tels que la pensée, le vouloir,
le sentiment de joie ou de peine, etc. ; on oppose
la douleur physique à la douleur morale (synonyme de psychique). On ne dit pas une douleur
matérielle. L'usage applique donc le mot *physique*, non seulement à l'objet extérieur qui impressionne la sensibilité nerveuse, les organes des
sens, mais encore au résultat tout subjectif de
l'impression qu'il exerce sur les nerfs sensitifs.
C'est depuis Kant que les penseurs distinguent
nettement le subjectif de l'objectif dans les perceptions autres que les tactiles. Cette distinction
ne se fait pas spontanément dans les sons, dans
les odeurs, dans les couleurs. On surprend la
plupart des hommes en leur disant que le vert des
arbres, l'azur du ciel, sont des états d'eux-mêmes,
comme aussi le parfum d'une fleur, le son d'une
cloche. Ils extériorisent ces états, en réalité psychiques, et dès lors, les confondant avec leurs
causes, ils les qualifient de physiques. A mesure
que cette confusion disparaît le vocable *physique*

devient entièrement, dans tous les cas, synonyme de *matériel*.

Distinguer le physique proprement dit, le matériel du psychique, du spirituel, c'est concevoir impossible de rapporter à un seul et même substratum, d'expliquer par une seule et même cause prochaine, c'est en un mot considérer comme irréductible l'objet des perceptions, c'est-à-dire les événements extérieurs au *moi* qui impressionnent les nerfs sensitifs et les événements intérieurs au *moi,* tels que la joie et la peine, le désir, la pensée, la délibération, le vouloir, monde psychique dont les perceptions font elles-mêmes partie. Les savants, qui ne se fient qu'à la méthode expérimentale, sont d'accord sur cette distinction : les faits d'ordre mécanique leur paraissent irréductibles aux faits de conscience ; mais ils n'admettent pas que l'être dont ces derniers sont des modifications se distingue de l'être appelé *matière,* siège des premiers. Leur méthode même leur refuse de considérer l'être des événements soit physiques soit psychiques. Il leur suffit que le monde des événements physiques forme un tout, un système solidaire, que chacun d'eux soit en relation avec les autres comme les anneaux d'une chaîne ; les événements psychiques, à leurs yeux, n'entrent pas comme anneaux dans cette chaîne, ils se surajoutent à titre d'*épiphénomènes* aux anneaux préexistants sans s'intercaler entre ceux-ci.

On appelle *une personne* une synthèse dont l'unité est d'ordre psychique.

Distinguer l'*âme* du *corps*, l'*esprit* de la *matière*, ce n'est pas seulement affirmer l'irréductibilité de deux ordres différents d'événements, c'est affirmer en outre que le siège de l'un constitue un être métaphysique distinct de l'être métaphysique, siège de l'autre ; que les modifications de la première de ces deux substances (l'âme) peuvent bien avoir pour conditions les modifications de la seconde (la matière) mais que celle-ci ne conditionne aucunement l'existence de celle-là. Comme la substance existe par soi, celle du psychique et celle du physique seraient entièrement indépendantes l'une de l'autre quant à leur existence. Dans une telle hypothèse ou bien chaque âme serait une partie intégrante, mais individualisée de la substance psychique, ou bien cette substance ne serait pas unique, elle serait multiple ; il y aurait autant de substances psychiques que d'âmes. Les âmes, individualités psychiques, en d'autres termes les *personnes morales*, seraient, dans tous les cas, immortelles, et même éternelles en tant qu'elles participeraient, comme substances, des attributs de l'être métaphysique. L'Univers se composerait d'atomes matériels, centres d'activité mécanique, et de monades spirituelles, centres

d'activité morale, de vie consciente, dont la virtualité, comme celle des atomes, passerait progressivement de la puissance à l'acte dans le cours
de l'évolution universelle pour composer des asso-
ciations tant morales (familles, tribus, peuples)
que physiques (corps solides, liquides, gazeux,
cristaux, organismes végétaux et animaux).

Ce que j'appelle plus haut *centre d'activité* soit
physique, soit psychique, est suffisamment indiqué pour que je puisse me dispenser de définir
cette expression avec plus d'exactitude. Quels que
soient les centres d'activité dans l'Univers, l'observation constate qu'ils sont en mutuelle relation, que du moins chacun d'eux est en relation
avec d'autres. Or, cela n'est possible que s'ils
communiquent entre eux par quelque moyen
terme, comme je crois l'avoir établi dans la définition du rapport. Quel peut bien être ce moyen
terme, si l'on suppose que les centres d'activité
sont des substances, au sens métaphysique de ce
mot, c'est-à-dire des choses dont chacune existe
par soi, est, par suite, absolue, entièrement indépendante des autres, sans rapport avec aucune autre, n'ayant donc rien de commun dans la
réalité avec aucune autre ? L'hypothèse de l'âme
considérée comme une monade subtantielle et
communiquant avec d'autres choses, est donc
contradictoire au fond. Je ne me suis pas pro-

posé de critiquer la doctrine spiritualiste, ce n'est pas l'objet de cet opuscule ; j'ai seulement voulu signaler l'argument fourni par la définition que j'ai donnée du rapport, pour réfuter la doctrine qui admet à la fois la nature substantielle des centres psychiques et leur pluralité, l'immortalité essentielle et la multiplicité des âmes.

Cette même définition du rapport fournit une objection décisive à la distinction foncière de deux espèces de centres d'activité, de l'âme et du corps. Le seul fait, constaté par chaque homme sur lui-même, qu'un vouloir conscient peut déterminer l'extension dans l'espace d'un muscle matériel, cette action seule d'un moteur psychique sur un moteur physique suffit à démontrer qu'ils sont l'un et l'autre en relation, et que, par suite, il y a dans la réalité quelque chose qui leur est commun. Le psychique et le physique, l'âme et le corps sont donc tous deux impliqués dans un moyen terme, connexe de quelque manière à la donnée fondamentale, à l'être métaphysique, substance de l'Univers. La méthode expérimentale conduit les savants par la physiologie du cerveau jusqu'au tronc commun d'où bifurquent la branche de l'activité psychique et celle de l'activité physique. Au point de divergence de ces deux branches dont l'une a pour fruits achevés les faits de consciences parfaitement distincts, tels que les

idées claires, les désirs violents, et les autres les
faits purement mécaniques, tels que les actions de
la pesanteur, la science observe et analyse les faits
qui participent du physique et du psychique dans
des proportions variables à l'infini depuis le rudi-
ment d'organisme que revèlent les cristaux, jusqu'aux organismes animaux où la conscience se
manifeste pleinement. *La vie* consiste en cette
confusion initiale et cette distinction progressive
des deux ordres de faits dans les synthèses qui
constituent ce qu'on a nommé les trois règnes de
la Nature.

Les centres d'activité consciente communiquent entre eux par l'intermédiaire des organismes corporels qui les mettent en contact dans
l'espace. Peuvent-ils communiquer dans un autre
milieu, qui leur serait propre, sans le secours de
l'action matérielle? C'est le problème qui pas-
sionne aujourd'hui nombre d'esprits, dont plusieurs sont des savants éminents. Pour qui a reconnu la solidarité de tous les événements, en
tant que modifications d'un être substantiel unique, fond de l'Univers, il n'y a rien, à première
vue, d'irrationnel dans l'hypothèse de communi-
cations jusqu'à présent inconnues, mais possibles,
entre leurs substrata. Mais il ne faut pas oublier
que ce genre de recherches est à la fois empirique et spéculatif, d'un côté par les expériences

légitimes qu'il comporte et qui rentrent dans le domaine de la science positive, et d'un autre côté par les conceptions qu'il sollicite relativement à l'essence du psychique. A cet égard, ces recherches sont périlleuses, car la raison s'y expose à rencontrer l'écueil habituel d'une curiosité dont l'objet confine de trop près à la métaphysique.

TABLE ALPHABÉTIQUE DES DÉFINITIONS

TABLE DES MATIÈRES

———

———

CHARTRES. — IMPRIMERIE DURAND, RUE FULBERT.

www.ingramcontent.com/pod-product-compliance
Lightning Source LLC
Chambersburg PA
CBHW072235270326
41930CB00010B/2139